Traugott Schächtele

Anders gesagt

Auf der Erde erzählen und im Himmel tanzen.
Erzählungen über Gott und die Welt

www.tredition.de

Verlag und Druck:
tredition GmbH
Halenreie 40-44
22359 Hamburg

ISBN
Paperback: 978-3-347-10076-3
Hardcover: 978-3-347-10077-0
e-Book: 978-3-347-10078-7

Bibliografische Information der Deutschen Nationalbibliothek: Die Deutsche Nationalbibliothek verzeichnet diese Publikation in der Deutschen Nationalbibliografie; detaillierte bibliografische Daten sind im Internet über http://dnb.dnb.de abrufbar.

Auf der Buchvorderseite ist der Ausschnitt eines Druckes aus der Serie „dance factory", 2018, des Freiburger Künstlers Markus Franke (www.markus-franke-malerei.de) zu sehen, dem ich für die Abdruckerlaubnis sehr herzlich danke.

Inhalt

Vorweg gesagt

Ich liebe es zu erzählen! Und es bereitet mir ausgesprochen Vergnügen zu erleben, wie mit Wörtern Bilder, ja eigentlich ganz neue Welten vor den Ohren und zugleich in Herz und Sinnen der Zuhörenden entstehen können – wie eine Vorahnung himmlischer Festfreude schon jetzt, unter ganz handfesten irdischen Verhältnissen, eben: „Auf Erden reden und im Himmel tanzen!"

Ich liebe es auch zu predigen – weil das Predigen Raum gibt fürs Erzählen! Natürlich erfordert das Predigen immer wieder die Grundentscheidung nach dem Genus. Entscheide ich mich für einen eher „klassischen", dem Text entlanggehenden und sukzessive deutenden Typus? Oder lasse ich mich vom Text in der Weise inspirieren, dass ich zu erzählen beginne. Immer wieder wähle ich erzählende Formen und gerate dabei ins Staunen. Die Zuhörerinnen und Zuhörer folgen beim Erzählen meist mit deutlich größerer Aufmerksamkeit als bei anderen Formen. Auch darum gehe ich immer wieder gerne diesen erzählenden Weg.

Dieser kleine Band enthält zehn Beispiele, die verdeutlichen, wie ich das meine. Ich nenne diese Beispiele im Titel dieses Buches darum auch nicht einfach Predigten, sondern gerade im Blick auf die hier ja vorliegende Leseform „Erzählungen über Gott und die Welt". Diese Erzählungen legen hoffentlich auch beim Lesen etwas vom Glück dieser Art des Predigens offen - für den, der diese Texte geschrieben hat, für die, die sie als Predigt hören konnten, und für Sie als Leserinnen oder Leser dazu. So oder so: Es ist ein Glücksfall, solche Erfahrungen gelingender Kommunikation immer wieder neu machen zu können.

Schwetzingen, im Sommer 2020
Traugott Schächtele

Ein Gang durchs Museum der unverzichtbaren Wörter

Predigt über Galater 5,1 anlässlich des badischen Chorfestes in der Jesuitenkirche Heidelberg am Samstag,1. Juli 2017

Wenn Sie denn nun schon mal hier sind, kommen Sie doch schnell mal mit ins Museum! Ich lade Sie ein. Nein, nicht ins Kurpfalzmuseum, nicht weit von hier, in der Hauptstraße. Das hat um diese Zeit längst geschlossen. Ich will sie mitnehmen ins „Museum der unverzichtbaren Wörter". Sie kennen es noch nicht? Ich bin immer wieder dort. Das „Museum der unverzichtbaren Wörter" lebt davon, dass die Menschen keinen Bogen darum herum machen.

Gleich wenn man reinkommt, geht es in die Abteilung für Menschenrechte. Da müssen alle durch. Ebenso durch die Hallen der Gerechtigkeit. Die Räume mit den Ideen des Humanismus lassen dann viele lieber links liegen. Und viele umgehen auch die Abteilungen Frieden und Bewahrung der Schöpfung.

Ein eigener Trakt dieses besonderen „Museums der unverzichtbaren Wörter" ist den Religionen gewidmet. Wenn man geradeaus hineingeht, gelangt man zum Bereich „Schlüsselwörter der jüdisch-christlichen Tradition". Der Liebe ist ein Raum gewidmet. Verzeihung und Versöhnung steht an der anderen Tür. Nebenan dann, Dienst am Nächsten und Kunst und Feste. Irgendwo muss da auch die Musik einen Ort haben. Denn die Klänge werden immer lauter. Gesungenes Gotteslob steht auf dem Hinweisschild.

Ausnahmsweise gehe ich dieses Mal an dieser Tür vorbei. Normalerweise lege ich in der Oase der Kirchenmusik immer eine Pause ein. Heute zieht es mich unwillkürlich weiter. Neu-

Präsentation der Säulen der Freiheit steht da zu lesen. Viel gibt es da zu sehen. Noch mehr geht mir durch den Kopf.

Von Freiheit ist derzeit schließlich viel die Rede, denke ich. Hier möchte ich fürs Erste verweilen bei meinem Gang durchs Museum. Gottseidank – die Musik kann man immer noch ganz gut hören. Im Moment ist es Chormusik, die da an meine Ohren dringt. Aber die Freiheit hat's mir heute besonders angetan. Um Freiheit geht's in der Politik, wenn eingeschränkte oder gar fehlende Freiheit beklagt wird. Um Freiheit geht's derzeit häufig auch bei uns in der Kirche. Ein riesiges rotes Banner füllt einen Teil der Wand hinter den Säulen der Freiheit. Oben das Gesicht Martin Luthers. Darunter der Satz: „... da ist Freiheit!" Genauso wie auf dem Programmheft für das Chorfest oben rechts. Ein T-Shirt, eigens mit diesem Aufdruck versehen, kann man im Museumsshop erwerben. Dazu laufen immer wieder kleine Filme, in denen Menschen erläutern, was dieser Satz für sie bedeutet: „... da ist Freiheit!" Da hat jemand ganz schön viel Geld investiert, denke ich!

Natürlich kenne ich diesen Satz. „... da ist Freiheit!" Es ist die zweite Hälfte eines Satzes des Apostels Paulus. Ganz lautet er: „Wo der Geist des Herrn ist, da ist Freiheit!" Hier zitiert eine Stimme aus dem Off aber immer wieder einen anderen Satz: „Zur Freiheit hat euch Christus befreit! - Zur Freiheit hat euch Christus befreit!" Wieder Paulus, denke ich. Das war wohl der Apostel der Freiheit schlechthin. Aber irgendwie kommt mir der Satz auch ein wenig vollmundig vor. „Zur Freiheit hat euch Christus befreit!"

Ich gehe auf andere Menschen zu, die sich wie ich die Säulen der Freiheit anschauen. „Fühlen sie sich frei?", frage ich. „Fühlen sie sich wirklich frei? Unterliegen sie derzeit keinerlei Einschränkungen? Müssen sie auf niemanden Rücksicht nehmen? Keine Sorgen oder Konflikte, die die Freiheit ihres Denkens einschränken? Keine zeitlichen Einschränkungen durch die

Fürsorge für andere – in Erziehung oder Pflege? Sind sie frei, zu tun und zu lassen, was sie wollen?"

Meist ernte ich Schweigen. Manchmal auch ein verächtliches Schnauben. Oder ein: „Wenn sie wüssten!" Bei einigen lösen sich ein paar Tränen. Wenn ich so nach der Freiheit frage, da bin ich mir sicher, dann ist niemand wirklich frei.

Das hat auch der Apostel Paulus gewusst. Und darum hat er mit Freiheit noch einmal etwas anderes im Blick. Ich schaue, wo die Ausstellung weitergeht. Und wirklich: Durch das Lutherbild an der Wand kann man hindurchsteigen. Und man landet in einem Raum, der gestaltet ist wie ein Buch. „Von der Freiheit eines Christenmenschen" ist auf die große Plexiglasscheibe aufgedruckt, die die Rückseite des Buchs darstellen soll.

In bunter Laserschrift schweben zwei Sätze durch den Raum. Immer wieder lösen sie sich ineinander auf: „Ein Christenmensch ist ein freier Herr über alle Dinge und niemand untertan". So lautet der eine Satz, und der andere: „Ein Christenmensch ist ein dienstbarer Knecht aller Dinge und jedermann untertan." Luther hat's also auch mit der Freiheit gehabt, stelle ich fest. Und sicher hat er seine Einsichten doch auch dem Apostel Paulus zu verdanken. Ich merke: Ich muss dem Satz nachspüren, der von der Stimme aus dem Off immer wieder wiederholt wird: „Zur Freiheit hat euch Christus befreit. Lasst euch nicht wieder klein machen vom Joch der Knechtschaft!" Paulus, daran erinnere ich mich, hat diese Sätze an die Gemeinden in Galatien geschrieben: „Zur Freiheit hat euch Christus befreit. Lasst euch nicht wieder klein machen vom Joch der Knechtschaft!"

In diesen beiden Sätzen leuchtet der ganze Galaterbrief in konzentrierter und komprimierter Form auf. Was dann noch folgt, ist nur Erläuterung. „Zur Freiheit hat euch Christus befreit!" Was aber ist gemeint, wenn es um die Freiheit geht? Was ist Freiheit?

Schautafeln verweisen mich auf die Tradition. Nach und nach gehe ich an ihnen entlang.

Freiheit von Sklaverei und körperlicher Arbeit, steht da. Freiheit zur Muße und zur politischen Betätigung - darum, so lese ich, ging es bei den Griechen. Ich gehe weiter die Tafeln entlang.

Freiheit, Liberté – zusammen mit der Gleichheit und der Geschwisterlichkeit hatten sich die Revolutionäre des Jahres 1789 in Frankreich die Befreiung von feudalen oder vordemokratischen Strukturen auf ihre Fahnen geschrieben.

Die Freiheit ist immer die Freiheit der Andersdenkenden – das können wir bei Rosa Luxemburg nachlesen.

Freiheit – sie ist die Beschreibung eines Zustandes, in dem man nichts mehr zu verlieren hat – freedom is just another word for nothing left to loose – so klingt es in Me and Bobby McGee, dem berühmten Folk-Song von Kris Kristofferson, den Janis Joplin einst so unnachahmlich interpretiert hat.

Freiheit – verstanden als Anspruch, tun und lassen zu können, was ich will. Als Möglichkeit, willentlich zu handeln. Gegen die Überzeugung mancher Neurowissenschaftler.

Freiheit - verstanden als das Recht, meinen Führungsanspruch und meine Auffassung der Welt durchzusetzen - und womöglich der Verlockung der Macht zu erliegen?

Oder auch Freiheit als das Recht, auf meine individuelle Weise das Glück anzustreben, wie die amerikanische Verfassung es formuliert.

Und auf der letzten Tafel steht eine Frage: Freiheit – Freiheit von etwas oder Freiheit zu etwas?

Zum Glück entdecke ich plötzlich eine Museumsmitarbeiterin im Raum. „Haben sie irgendwelche Fragen?" Ganz freundlich wendet sie sich mir zu. Natürlich habe ich Fragen. „Wovon sind die Menschen frei geworden, an die Paulus diesen Brief gerichtet hat?", will ich wissen. Die Antwort kommt prompt und bestimmt: „Frei geworden sind sie von bestimmten Vorgaben des Weges zu Gott. Frei geworden sind sie davon, sich beschneiden zu lassen. Denn diese Beschneidung hätte schließlich zur Folge gehabt, dass alle, die beschnitten wurden, auch alle Regeln und Vorgaben der jüdischen Mutterreligion des Paulus hätten einhalten müssen. Die Speisegesetze etwa, die genau festlegen, was rein ist und was nicht. Oder die Regel, dass ich am Sabbat keinerlei Arbeit verrichten soll.

Diesen Weg will Paulus vor allem denen ersparen, die aus einer anderen Religion kommen. Denen eben, die nicht zu seiner eigenen jüdischen Glaubensgemeinschaft gehören. Völker nennt die hebräische Bibel diese Gruppe. Luther übersetzt dieses Wort mit Heiden. Freiheit hieße dann Freiheit von einem diese Menschen womöglich überfordernden Netz der Tradition. Freiheit also auch von der Beschneidung. Freiheit ist also das Recht, ein Heide zu sein. Und einen anderen Weg zu Gott wählen zu können."

Die Mitarbeiterin unterbricht ihren Redefluss. Das war fast etwas zu viel auf einmal. Mir wird klar: Paulus ist hier im Umfeld von Menschen aktiv, die nicht der jüdischen Religion angehören. Niemand muss also erst Mitglied einer jüdischen Gemeinde werden, um an Gott glauben zu können. Das ist hier mit Freiheit gemeint.

Freiheit ist hier also der Ausdruck einer gänzlich neuen Art zu leben. Nur: „Wie soll das konkret gehen?", frage ich mich. Da höre ich, dass neben der einen Stimme jetzt noch eine zweite zu hören ist. Sie fällt der ersten immer ins Wort. Nicht nur „Zur Freiheit hat euch Christus befreit!" Sondern auch: „In Christus zählt nur der Glaube, der durch die Liebe tätig ist."

Ich ahne: Ich muss auch noch in die Abteilung Liebe. Aber vorerst bleibe ich noch bei den Säulen der Freiheit. Die Zeile eines

Liedes aus dem Gesangbuch kommt mir in den Sinn. Ein häufig und manchmal zu Unrecht geschmähtes Lied. „Freiheit, sie gilt für Menschen, Völker, Rassen, so weit, wie deine Liebe uns ergreift." Ich nehme mir vor, das nächste Mal etwas gnädiger zu sein, wenn Menschen sich dieses Lied wünschen.

Einiges ist mir jetzt klar geworden. Freiheit, so wie Paulus sie im Brief nach Galatien beschreibt – das begründet im Letzten keine neue Religion. Sondern eine neue Haltung gegenüber der Wirklichkeit. Und damit auch gegenüber Gott. Diese neue Haltung, dieses neue Vertrauen – das macht bei Paulus den Glauben aus, zumindest den Glauben als Möglichkeit für die, die nicht aus dem Judentum stammen.

Durch einen kurzen Gang gelange ich in die Abteilung Freiräume des Glaubens. Eine leise Stimme singt Antworten auf die Frage, was das bedeutet: Glauben in der Freiheit eines Christenmenschen. Ich höre genauer hin:

Glauben heißt – im Freiraum dieses Christus sein Leben gestalten.
Glauben heißt – in der Liebe Gottes wahrhaft Mensch werden.
Glauben heißt – die Gerechtigkeit von Gott her erhoffen.

Klare Antworten auf meine Fragen, denke ich. Glauben in dieser Freiheit meint also mehr, als sich einfach in ein Regelsystem von Verhaltensweisen einbinden zu lassen. Selbst dann, wenn diese Regeln durchaus ihren Sinn haben. Doch die Erfüllung dieser Regeln allein garantiert den Glauben noch nicht. Aber ich kann meine Freiheit dafür nutzen, mich auf diesen Glauben einzulassen. Und es mit ihm zu versuchen.

„Die Freiheit geht immer auf's Ganze", raunt mir die Museumsmitarbeiterin ins Ohr. „Oder es ist keine Freiheit!" Und sie fährt dann fort: „Ein bisschen Freiheit, das geht nicht. Zur

Freiheit hat uns Christus befreit! Das ist die Freiheit, die aufs Ganze geht. Auf dem Weg in diese Freiheit müssen wir uns den Rückweg am besten gleich selber abschneiden. Freiheit geht nicht einfach halb. Oder ein bisschen. Wenn es denn wirklich die Freiheit ist, dann muss ich sie wagen und riskieren. Dann muss ich mich entscheiden, ob ich auf diese Freiheit setze. Und den Möglichkeiten der Liebe vertrauen. Ein bisschen Liebe – das geht bestenfalls im Schlager. Im Leben funktioniert das nicht."

Von Freiheit ist heute inflationär die Rede, denke ich. Aber viel zu wenig von der Freiheit eines Christenmenschen. Die Schwierigkeit liegt hier nicht bei der mangelnden Einsicht, was diese Freiheit wirklich meint. Damals nicht, als die Galater sich auf diesen Weg des Paulus einlassen. Auch heute nicht, wo Freiheit zum Schlüsselbegriff einer ganzen Denk-Tradition geworden ist.

Die Schwierigkeit liegt in dem Versuch, dieser Einsicht Konsequenzen folgen zu lassen. Nicht selten macht uns diese Freiheit Angst. Und wir bleiben auf halbem Weg stehen. Wir kennen die Rahmenbedingungen der Freiheit. Wir sehnen uns nach ihr. Und wählen dann doch die Unfreiheit. Wir entkommen durch's Rote Meer in die Freiheit. Und wünschen uns an die Fleischtöpfe Ägyptens zurück.

In einer dunkeln Spiegelwand leuchten die Versäumnisse der Freiheit auf. Ich schaue genauer hin:

Wir wissen: Mehr Waffen bedeuten mehr Krieg, lese ich. Aber wir verkaufen dann doch mehr Waffen als die meisten Länder dieser Erde.

Wir wissen: Fossile Brennstoffe schaden unserer Umwelt, die Klimaveränderung ist nicht mehr aufzuhalten, lese ich. Aber am Ende leben wir so, als hätten wir noch alle Zeit der Welt.

Wir wissen: Unsere Art zu leben macht uns krank, lese ich. Aber am Ende machen wir weiter wie bisher.

Die Museumsmitarbeiterin verabschiedet sich. Nicht ohne mir den Rat zu geben, noch einmal bei Luthers Freiheit eines Christenmenschen vorbeizuschauen. „Niemand", so sagt sie zum Schluss" – „niemand hat das Verhältnis von Freiheit und Liebe besser und schöner zusammengefasst als Martin Luther. Seine beiden Sätze aus der Freiheit eines Christenmenschen schweben immer noch ineinander übergehend frei durch den Raum: „Ein Christenmensch ist ein freier Herr über alle Dinge und niemand untertan. Ein Christenmensch ist ein dienstbarer Knecht aller Dinge und jedermann untertan."

Luther, das weiß ich, hat seine Theologie in der Auseinandersetzung mit Paulus entwickelt. Wenn auch mit einem anderen Ziel als Paulus. Paulus ist es um bestimmte Regeln für andere Menschen gegangen. Regeln, die den Rahmen des Glaubens an Gott eben auch für andere öffnen wollte. Luther ist es um Regeln für sich selber gegangen. Um Regeln, die ihm selber für den aufrechten Gang vor Gott möglich gemacht haben. „Wie kriege ich einen gnädigen Gott" – kein Wunder, dass er ein ums andere Mal so gefragt hat.

„Zur Freiheit hat euch Christus befreit!" Paulus hat seine nichtjüdischen Mitmenschen im Blick. Um von der Freiheit zu kosten, die Paulus meint, sind sie zu einer neuen Grundeinsicht herausgefordert. Und zu einer Grundentscheidung. Die Grundentscheidung, sich im Streben nach Freiheit von der Liebe zu den Mitmenschen leiten zu lassen. Ehrlich gesagt, so viel anders ist das heute auch nicht. Die Freiheit will immer noch riskiert und gewagt werden. Gerade auch die Freiheit eines Christenmenschen. Für mich selber. Und für alle anderen auch.

Ich gebe zu: Der Gang durchs „Museum der unverzichtbaren Wörter" hat mich angestrengt. Vor allem mein Aufenthalt bei den Säulen der Freiheit. Die drei Räume zu Glaube, Liebe und

Hoffnung, die in Form eines Dreiecks angelegt sind, nehme ich mir ein ander' Mal vor.

Immer noch höre ich das Singen. Je mehr ich zurückgehe, desto lauter wird es. Der Gang in dieses Museum tut mir immer gut. Vor allem auch die Musik. Beim gesungenen Gotteslob halte ich ein. „Das kenne ich doch", denke ich plötzlich. „Da kann ich sogar mitsingen!" „Es ist das Heil uns kommen her." Erst singt noch der Chor. Dann stimme ich selber ein. Wie gut, denke ich, lebt sich's doch in der Freiheit eines Christenmenschen.

Die fünf Tore der Liebe

Predigt über Hoheslied 3,1-5 in der katholischen Kirche St. Stephan in Freiburg-Munzingen zum Abschluss der ökumenischen Bibelwoche am Freitag, 23. Februar 2018

Das Hohelied kann man nicht predigen! Man kann es singen, lesen, meditieren und tanzen. Aber predigen, erklären, deuten, interpretieren – das geht nicht. Das führt bestenfalls zu Missverständnissen. Die Geschichte des Umgangs mit diesem biblischen Text ist darum immer schon auch eine Geschichte des Missverstehens gewesen.

Biblische Texte handeln nicht einfach von der Liebe zwischen Menschen. Sie handeln von Gott, so höre ich die Altvorderen im Glauben sagen. Sie handeln von der Beziehung zwischen Gott und den Menschen. Ganz gleich, um welche Art von Texten es sich handelt.

Keine Frage: Diese poetische Liedsammlung, die wir Hoheslied nennen, hat sich unserem normalen Umgang mit biblischen Texten widersetzt. Das eine Mal ist dieses Lied eingeebnet und über den gleichen Leisten geschlagen worden wie alle anderen Texte auch. Oder es ist gleich ganz in der Versenkung verschwunden. Nur gepredigt – gepredigt wird das Hohelied eher selten. Bis heute.

Wie gut, dass die Ökumenische Bibelwoche sich in diesem Jahr dieses Textes annimmt! Wie gut, dass dieses Hohelied auch in den Gottesdiensten zum Abschluss der Ökumenischen Bibelwoche zum Thema wird! Und darum soll in der Predigt das Unmögliche möglich werden. Ich habe die Erfahrung gemacht, dass es geht, das Hohelied zu predigen. Und natürlich hoffe ich, dass sie am Ende dieselbe Erfahrung machen.

Eine gottesdienstliche Annäherung an das Hohelied also – wie kann das gehen? Mir hat sich folgender Weg aufgetan. Manchmal stelle ich mir die Bibel nämlich wie eine Landschaft vor. Die gewichtigen fünf Bücher Mose ragen wie ein Hoch- gebirge aus der Landschaft heraus, so wie das gewaltige Gebirgsmassiv der Alpen Mittel-Europa durchzieht. Das Thema der Gerechtigkeit gründet sich tief in den Seen der Schriften der Propheten. Die Geschichtsbücher, Chronik, Könige - sie beschreiben Wege, die sich durch die ganze Landschaft bahnen.

Die Evangelien markieren vier Quellen, aus denen sich die ganze Lebendigkeit der Schöpfung in die Natur ergießt. Die Briefe des Paulus legen sich wie ein Netz aus Wäldern und Auen über die Landschaft.

Das Hohelied findet sich mitten in der Landschaft wie ein anmutiges mittelalterliches Städtchen. Die einzelnen Häuser sind bemalt und schön saniert. Ansammlungen mehrerer Häuser bilden Quartiere, die sich wunderschön zu einem einheitlichen Ortsbild verbinden. Hier ein Brunnen, da ein kleines Straßencafé, daneben Galerien und Geschäfte. Aus einem Pavillon klingt Musik. Ein Thermalbad lädt zum Genießen ein.

Einen Ort stelle ich mir vor, der sich mit seiner Schönheit und seinem Gepräge deutlich von seiner Umgebung abhebt. Irritiert ob der eigenwilligen Schönheit des Ortes schauen die einen, neidisch die anderen. Die einen wenden sich ab, weil sie die Postkartenidylle nicht aushalten. Die anderen wollen einfach nur ihre Ruhe haben und genießen.

Neugierig geworden will ich mich in diesen Ort des Hohenliedes hineinwagen. Aber so einfach geht das nicht. Fünf Tore gilt es zu durchschreiten, um hineinzukommen. Fünf Tore, hintereinander gelegen wie der überdachte Marktweg einer orientalischen Stadt.

Ich nähere mich dem ersten Tor. Es ist das „Tor der Liebe zur Poesie". Ich gehe in das Tor hinein und höre Worte wie Musik:

Leg mich wie ein Siegel auf dein Herz,
wie ein Siegel auf deinen Arm,
denn stark wie der Tod ist die Liebe,
die Leidenschaft ist hart wie die Unterwelt!
Ihre Gluten sind Feuergluten, gewaltige Flammen.
Mächtige Wasser können die Liebe nicht löschen,
auch Ströme schwemmen sie nicht hinweg.
Böte einer für die Liebe den ganzen Reichtum seines Hauses,
nur verachten würde man ihn.

Ich höre und mir wird klar: Zugang muss ich finden zu dieser so ganz anderen Sprache. Sie erzählt nicht einfach nüchtern wie in den Texten des Josuabuchs und den zwei Bänden der Chronik der Könige Israels. Sie legt keine logischen Gedankengänge offen wie die Briefe des Apostels Paulus. Sie will mein Herz öffnen. Und meine Seele zum Singen bringen.

Die Gitter öffnen sich wie von allein. Ohne hässliches Klirren. Ihr Klang wirkt befreiend und wohltuend. Und beglückt öffnen sich die Pforten und locken mich ins zweite Tor. Tor der „Liebe zu den schönen Bildern" lese ich und bin sogleich in den Bildertaumel hineingezogen. Mal geht mir der eine Satz ins Ohr, und dann der andere ins Herz. Meine Seele kommt kaum hinterher.

Salomo besaß einen Weinberg in Baal-Hamon;
den Weinberg übergab er Hütern.
Für seine Frucht wird jeder tausend Silberstücke bezahlen.
Mein eigener Weinberg liegt vor mir.

Und weiter:

Meine Taube in den Felsklüften, im Versteck der Klippe,
dein Gesicht lass mich sehen, deine Stimme hören!

Und weiter:

Die Quelle des Gartens bist du,
ein Brunnen lebendigen Wassers, das vom Libanon fließt.
Nordwind, erwache!
Südwind, herbei!
Durchweht meinen Garten,
lasst strömen die Balsamdüfte!

Ich ahne: Vieles, was ich sage, ist viel mehr als ich sage. Sprache verhüllt, um zu enthüllen. Sprache verwendet Bilder, um von der Wirklichkeit zu sprechen. Sprache reiht Wörter aneinander. Und erschafft eine ganze Welt. Sprache nutzt den Klang der Stimme. Und lässt Lieder des Himmels erklingen.

Neugierig geworden schreite ich weiter. Wage mich in das dritte Tor. Es ist das „Tor der Liebe zur erotischen Sprache". Ich gehe in das Tor hinein und bin von den gesungenen Klängen wie betört, mit denen der eine von der anderen singt:

Siehe, schön bist du, meine Freundin,
Hinter dem Schleier deine Augen wie Tauben.
Wie ein purpurrotes Band sind deine Lippen und dein Mund ist reizend.
Dem Riss eines Granatapfels gleich deine Wange.
Wie der Turm Davids ist dein Hals.
Deine Brüste sind wie zwei Kitzlein,
die Zwillinge einer Gazelle, die unter Lilien weiden.
Alles an dir ist schön, meine Freundin,kein Makel haftet dir an.

Und indem ich weitergehe, höre ich, gehen die Worte mit mir:

Mein Geliebter ist weiß und rot,
ausgezeichnet vor Tausenden.
Sein Haupt ist reines Gold,
seine Locken sind Rispen, rabenschwarz.
Seine Augen sind wie Tauben an Wasserbächen,

gebadet in Milch, sitzend am Wasser.
Seine Wangen sind wie Balsambeete,
darin Gewürzkräuter sprießen.
Seine Hände sind Rollen aus Gold, mit Steinen aus Tarschisch
besetzt.
Sein Gaumen ist Süße,
alles ist Wonne an ihm.

Nein, vertraute Kirchensprache ist das nicht, denke ich. Aber eben doch: Bibelsprache! Wohltuend, dass sich solche Lieder im Alten Testament, in der Hebräischen Bibel finden. Gottes Schöpfung ernstnehmend. Und rühmend. Sprache voller Erotik, die nicht verschämt ist und nicht lüstern und zur Schau stellend wie viele Magazine heute, mit denen viele zu viel Geld verdienen.

Und beglückt öffnen sich die Pforten und locken mich ins vierte Tor. Tor der „Liebe zur Suche ohne Unterlass" ist zu lesen. Ich werde von einer nie geahnten Sehnsucht ergriffen. Und indem ich weitergehe, höre ich vertraute Worte:

Des Nachts auf meinem Lager suchte ich ihn, den meine Seele
liebt.
Ich suchte ihn und fand ihn nicht.
Aufstehen will ich, die Stadt durchstreifen,
die Gassen und Plätze,
ihn suchen, den meine Seele liebt.
Ich suchte ihn und fand ihn nicht.
Mich fanden die Wächter
bei ihrer Runde durch die Stadt.
Habt ihr ihn gesehen, den meine Seele liebt?
Kaum war ich an ihnen vorüber,
fand ich ihn, den meine Seele liebt.
Ich packte ihn,
ließ ihn nicht mehr los,
bis ich ihn ins Haus meiner Mutter brachte,
in die Kammer derer, die mich geboren hat.

Bei den Gazellen und Hinden der Flur beschwöre ich euch,
Jerusalems Töchter: Stört die Liebe nicht auf,
weckt sie nicht, bis es ihr selbst gefällt!

So möchte ich suchen können! Nicht allein den Menschen, den meine Seele liebt. Ja, den auch, immer neu. So möchte ich suchen können, was meinem Leben Grund gibt und Halt. So möchte ich suchen können nach Frieden und Gerechtigkeit in dieser so geschundenen Welt – in Syrien. Im Jemen. Wo auch immer. So möchte ich suchen können nach Auswegen aus festgefahrenen Situationen. So möchte ich suchen können, um zu verstehen, was meinen Glauben ausmacht.

So möchte ich suchen können - auch nach Gott. Und ehe ich mit meinen Gedanken am Ziel bin, stehe ich im fünften Tor. Klänge umgeben mich und Farben. Wie betört bin ich von den Düften der Wahrheit und erfrischt von den Wassern erneuerten Lebens. Ich finde mich wieder mitten im „Tor der Gottesliebe". Ich ahne, ja ich weiß: Wo immer von der Liebe die Rede ist, die Menschen verbindet, ist die Gottesliebe nicht außen vor.

Es gibt kein Leben ohne Liebe. Auch wenn viele die Liebe entbehren müssen. Und zeitlebens auf der Suche nach Liebe bleiben. Und immer stärker sind die Chöre jenes anderen Hohen Liedes:

Wenn ich in den Sprachen
der Menschen und Engel redete,
hätte aber die Liebe nicht,
wäre ich dröhnendes Erz oder eine lärmende Pauke.
Und wenn ich prophetisch reden könnte
und alle Geheimnisse wüsste
und alle Erkenntnis hätte,
wenn ich alle Glaubenskraft besäße
und Berge damit versetzen könnte,
hätte aber die Liebe nicht, wäre ich nichts.

Und wenn ich meine ganze Habe verschenkte
und wenn ich meinen Leib opferte,
um mich zu rühmen,
hätte aber die Liebe nicht,
nützte es mir nichts.
Die Liebe hört niemals auf.
Prophetisches Reden hat ein Ende,
Zungenrede verstummt,
Erkenntnis vergeht.
Jetzt schauen wir in einen Spiegel
und sehen nur rätselhafte Umrisse,
dann aber schauen wir von Angesicht zu Angesicht.
Jetzt ist mein Erkennen Stückwerk,
dann aber werde ich durch und durch erkennen,
so wie ich auch durch und durch
erkannt worden bin.
Für jetzt bleiben
Glaube, Hoffnung, Liebe,
diese drei;
doch am größten unter ihnen ist die Liebe.

Durchschritten habe ich den Weg vom Hohenlied der Liebe zwischen Menschen zum Hohen Lied der Liebe von mir zu Gott und von Gott zu mir. Und ich verlasse das fünfte Tor und finde mich mitten in jenem schönen Städtchen wieder, mitten in jener Landschaft. Viel mehr ist diese Stadt als nur eine Oase. Viel mehr als ein fremder, lieblicher Ort inmitten einer unwirtlichen Welt.

Viel mehr ist das Hohelied Salomos als ein biblisches Buch, das seinen Platz in der Bibel einem Irrtum verdankt. Nicht um Menschenliebe soll es gehen. Vielmehr um Gottesliebe. Wie kann es um Gottesliebe gehen – und die Menschen bleiben außen vor? Wie kann es um Menschenliebe gehen – und Gott hätte keinen Raum in ihr?

Ein Glücksfall, dass dieses Hohelied, dieses „Lied der Lieder" wie es eigentlich heißt, den Weg in die Bücher der Bibel gefunden hat. Ob das wirklich im Jahr 90 nach Christus geschehen ist - auf einer Synode in der Stadt Jamnia, ganz nah bei Tel Aviv gelegen - oder in einem allmählichen Prozess der Auswahl dieser Bücher – Hauptsache, dieses Hohelied wird in der Bibel gesungen. Hauptsache, wir bringen es nicht zum Verstummen, weil wir seinen Klang für unbiblisch halten.

Gut ist es, dass wir diesen einzigartigen Text haben.

Und wenn wir dieses Hohelied heute schon nicht so einfach singen können, mag es selber in uns singen.
Und wenn wir es so einfach nicht tanzen können, mag es unsere Seele zum Tanzen bringen.
Und wenn wir dieses Lied so einfach nicht zum Schweigen bringen wollen, dann wird es ihm nicht schaden, wenn es denn ab und an dann doch gepredigt wird.

Und wer weiß, auf dem Nachhauseweg singt es in dir und in mir einfach weiter.

Beglückend. Atemberaubend. Einfach schön.

Die fünf letzten Thesen Martin Luthers
Ansprache anlässlich der Morgenandacht während der 7. Tagung der 12. Landessynode am Donnerstag, in der Kapelle im Haus der Kirche in Bad Herrenalb am Donnerstag, 26. Oktober 2017

Die Sensation ist perfekt! Nur wenige Tage vor dem großen Jubiläum 500 Jahre Thesenanschlag Martin Luthers ist die Nachricht in der Welt. Sie ging bereits an den Ratsvorsitzenden, an unseren Landesbischof und an das Zentrum für Kommunikation. Die verschiedenen Forschungsstellen für Reformationsgeschichte sind bereits informiert. Ebenso die bedeutenden Persönlichkeiten der Lehre der Kirchengeschichte an den theologischen Fakultäten.

Unsere Social-Media-Abteilung hat die Sensation sofort auf allen Kanälen gepostet und getwittert. Der Inhalt des sorgsam bedruckten Büttenpapiers war einfach zu brisant, um ihn vor der Öffentlichkeit zu verbergen. Sie waren nun einfach einmal in der Welt: die fünf letzten Thesen Martin Luthers! Generationen von Gläubigen wie von Forschern hatten sich schon lange gleichermaßen gefragt: Wie kommt Luther gerade zu 95 Thesen? Eigentlich keine schöne Zahl. Keine Zahl, die mit ihrer Symbolik zum Nachdenken anregt.

Und da nutzt eine Studierende der Theologie bei der Wittenberger Weltausstellung der Reformation in diesem Sommer die Besucherflaute, um etwas zur Vorbereitung für ihr Examen zu tun. Und sie entdeckt zwischen den noch unausgewerteten Dokumenten, die bei der Renovierung der Schlosskirche aufgetaucht waren, dieses gut verschnürte Schriftenbündel. Darauf steht, fast nicht mehr zu entziffern:

Fünf letzte Thesen zur Ergänzung meiner Thesen gegen den Ablass vom 31. Oktober Anno Domini 1517 – erst 500 Jahre danach zu öffnen.

Das Lied vom Wort: Strophe 1
(Melodie EG 362: *Ein feste Burg*)
Ein neues Lied in mir entspringt,
von Lasten, weggenommen.
Du musst nicht! Nein: Du darfst! Es singt
von Freiheit, längst gekommen,
im Wort, das mir träumt,
das Raum gibt und räumt
zur Seite, was mir
den Atem nimmt, und dir.
Ganz neu bin ich geworden!

Die Studentin fasst sich ein Herz und löst die mehrfach um die Blätter gewundenen Bänder. Obenauf liegt ein kurzer, mit Tinte und Feder geschriebener Brief. Sie liest:

Ihr lieben Christenleut' die ihr diese Thesen zu Gesicht bekommt. Fünfhundert Jahre schon habt ihr euch an all dem abgearbeitet, was ich euch mit meinen Schriften alles habe an hoffentlich Bedenkenswertem hinterlassen. Manches wird euch nicht schmecken, in manchem habe ich mich geirrt und werde am Jüngsten Gericht einmal auf einen gnädigen Richter hoffen müssen. Zu heftig habe ich bisweilen den Stab über andere gebrochen, ob Bauersleut, Juden und solche, die in Mekka ihren Gott zu finden hoffen.

Längst sucht Gott mich in meinen Träumen heim, so dass ich nicht weiß, was das Letzt' Gericht von mir wird übrig lassen. Wenn aber, was ich doch fest glaube, der Herr Jesus Christus über mich wird Barmherzigkeit walten lassen, so sei's - so meine Bitte - auch euch ans Herz gelegt, nicht alles von dem zu verwerfen, was ihr in dicken Bänden von meinem Gottes-Gestammel habt übrig sein lassen.

Ein letzt' gut Werk als Frucht meines Glaubens will ich euch lassen, fünf Sätze vom Wort Gottis, das euch will leben lassen, wenn Ihr's euch denn recht zu Herzen nehmt. Fünf Sätze, die meine 95 Thesen erst zu einhundert werden lassen, die in ihrer Füll' all das zusammenfassen, was meinen und euren Glauben ausmacht.

Manches könnt ihr erst verstehen, was zu meinen Lebzeiten den Menschen noch hat dunkel und verborgen bleiben müssen. Diese fünf Sätze fügt flugs zu den 95 anderen hinzu, wenn ihr die denn unter die Leute bringt.

Das Lied vom Wort: Strophe 2

In Bild und Buch, in Klang und Ton
lässt sich dies Wort vernehmen.
Es richt' mich aus, und seh' ich schon
der Zukunft schwere Themen,
find' ich festen Halt,
wag' ohne Gewalt
den Schritt hin zum Du,
lass' Böses nicht mehr zu.
Die Welt ist neu geworden!

Satz 96: Wenn ihr denn 417 Jahre nach meinen Thesen erklären werdet: ‚Jesus Christus ist das eine Wort Gottes, dem wir im Leben und im Sterben zu vertrauen und zu gehorchen haben' – dann wisst ihr selbst, dass dieser Jesus Christus kein Wort ist wie die Wörter, die ihr sprecht – sondern dass er euch vielmehr zu Gottis Wort wird, indem ihr euch an seinem Leben ausrichtet und an dem, was in den vier Euangelia von ihm an Worten wird berichtet.

Satz 97: Wenn ihr euch denn auf mich beruft und bekennt, dass ihr sola scriptura – in der Schrift allein - Gottis Wort recht findet, dann meint Schrift nicht allein das gedruckt Wort, sondern jedes Wort, das mir zu Herzen geht, weil Gottis Wort darin sein Wirken entfaltet – ob gedruckt, gesprochen, gesungen oder in euren Kommuniziergeräten zu lesen, die ihr in euren Taschen mit euch tragt. Es muss sich freilich an der Schrift messen lassen, ob dies Wort denn Gott sprechen lässt oder einen der vielen anderen Götzen und Götter, die unter euch ihr Werk tun und deren Wort manchmal so schwer von Gottis Wort zu unterscheiden sind.

Satz 98: Wenn ihr denn von mir gelernt haben wollt, dass mein Satz vom ‚Wort der Schrift allein' meint, dass nur die Bibel und nicht die traditionsreichen Sätze der Päpste und ihrer viel Konzilien für euer Leben wegweisend seien, so habt ihr recht, was meine Zeit betrifft. Doch seid gewahr: Zu eurer Zeit kann manches Wort aus päpstlichem Mund die Lehr ganz recht verkündigen und den reichen Hansen Angst und der armen Magd Hoffnung machen. Die Freude der Liebe, die Amoris Laetitia könn ein neuer Franziskus, so träum ich's, auf Petri Stuhl so gut beschreiben, wie's nur wenige gewagt haben zu tun.

Bei euch sind's weniger Papst und Konzil denn die vielen Wort, die ihr selber macht und auf die ihr euch verlasst wie der Turmbauer in Jesu Predigt auf dem Berg, der das Fundament nicht prüft und fällt ihm alles über den Haufen. Wenn ihr denen vertraut, die meinen, sie haben Gottis Gewalt und drohen mit Waffen, die die Erd' aus den Angeln heben und wollen sich selber unsterblich machen – dann seid ihr wie ein Strohfeuer, das in den Himmel lodert und ist doch im Handumdrehen nur noch Asche. Da fahrt ihr besser, wenn ihr das Wort Gottis ausringt wie einen Schwamm und findet den Tropfen, der euer Seel zum Frohlocken und euer Herz zum Glauben bringt.

Satz 99: Wenn ihr dem Wort allein euer Vertrauen schenkt, dann könnt ihr euch dies Wort nicht selber zusprechen. Als verbum externum, als Wort von außen muss es euch treffen, als zugesprochen Wort aus fremdem Mund, damit ihr am Ende nicht euch selber erlegt wie ein Jäger, der sich vor fremdem Getier fürchtet und sich lahme Hirsche in den Wald treiben lässt, nur weil die ihm nicht davonlaufen – und erschießt am Ende sich selbst.

Satz 100: Darum euer Gott, den ihr in seinem Wort findet, ist kein Gott, den ihr euch mit euren Zeichen erschafft oder digital wie ihr das nennt, wie so vieles eben, das euch so gut in Algorithmen fließt. Ganz und gar jenseitig ist euer Gott und doch mitten in euch, ganz analog, wie das bei euch heißt, und hat wirklich Fleisch und Blut, weil er nicht anders unter euch will wahrgenommen und erkannt sein, denn als Schwester oder Bruder – und seien sie noch so ganz anders als ich und mir noch so fremd, dass ich versucht wär', kein Nächstenlieb' walten zu lassen – wenn sie nicht alle Gottis Geschöpf wären und ich den in ihnen entdecke, in dem Gott sein Wort allein hat Mensch werden lassen wie ich und du.

Das Lied vom Wort: Strophe 3
*Aus Menschenmund trifft mich dies Wort
und kann doch ohne Grenzen
in deiner Ökumene Ort,
die Suchenden beglänzen
mit Zuspruch und Kraft,
die Neues erschafft,
sagt: Mir bist du recht!
Halt dich nur nicht für schlecht,
bist durch Gott neu geworden!*

Halt! Die fünf Sätze sind zu Ende. Aber noch nicht der handgeschrieben Brief. Da steht zu guter Letzt noch zu lesen: *Genug der gelehrt Sätz' und Thesen. Geglaubt sei's und nicht* beredet und disputiert und beschrieben, wie ihr das so gerne tut. Darum sei's mein größter Wunsch nach 500 Jahren, dass ihr ein Kirch' seid, unterschieden in vielfältig Tradition und wenn's denn sein muss Organisation, aber einmütig im Glauben, der euch leben lässt wie er mich hat leben lassen, weil ihr ein Wort habt aus Gottis Mund durch seinen lieben Sohn: „damit ihr alle eins seid!" Sola scriptura – das muss genügen! Mehr brauchts nicht!

Euer demütiger Mitbruder Martin

Das Lied vom Wort: Strophen 4+5

Dein Wort trifft mich in Vielgestalt
und bleibt für Deutung offen.
Was heut noch gilt, ist morgen alt.
Im Wandel mich lässt hoffen
die Suche nach dir.
Gott, du zeigst dich mir
in menschlichem Sein,
im Fest mit Brot und Wein.
Neu bist du mir geworden!

Sola scriptura! - nur allein
das Wort der Schrift soll gelten!
Es lässt in seinem Anderssein
durchscheinen Gottes Welten
in unsere Zeit,
und macht mich bereit
ganz fest zu vertrau'n
dem, der schon jetzt lässt schau'n
was einst noch werden könnte!

Um die Zukunft der Kirche muss uns nicht bange sein
Predigt im @home Gottesdienst im Hebel-Haus in Graben-Neudorf am Sonntag, 25. März 2018 (Palmsonntag)

Für mich ist dieser Gottesdienst ein kleines Abenteuer. So ganz genau wusste ich nicht, worauf ich mich einlasse, als ich gefragt worden bin, ob ich hier einmal predige. Aber im Leben ist man vor Überraschungen nie sicher. Also habe ich mich hierher gewagt. Und will jetzt auch predigen zum abgesprochenen Thema „Zukunft der Kirche". Es ist also ein Thema, dem eine Art geistliche Neugier zugrunde liegt. Und ein großes Interesse an der Kirche der Zukunft.

Dabei soll der wichtigste Satz der Predigt gleich am Anfang der Predigt stehen. Der lautet: Um die Zukunft der Kirche muss uns nicht bange sein! Als Kirche Jesu Christi hat sie einen anderen Herrn als die Herren dieser Welt, die kommen und gehen. Ihr Wachsen und Gedeihen, ihre Krisen und ihre immer wieder aufscheinende Machtlosigkeit mögen abhängig sein von den zeitlichen Umständen, von den jeweiligen Rahmenbedingungen, auch von allem unserem Bemühen, Kirche auf ihrem Weg in die Zukunft mitgestalten.

Aber Kirche ist nie ohne die Zusage „Siehe, ich bin bei Euch alle Tage, bis an der Welt Ende" – das ist übrigens mein Konfirmationsspruch. Insofern geschieht alles Handeln in der Kirche und alles Nachdenken über die Kirche in einer Klammer, vor der als Vorzeichen die Zusage steht, dass die Kirche Zukunft hat. Bleibende Zukunft.

Die Kirche hat nicht nur Zukunft. Sie hat auch Vergangenheit. Sie hat auch eine Herkunft. Damit will ich einsetzen. Und mich auf diesen besonderen Sonntag im Kirchenjahr beziehen. Wir haben heute Palmsonntag. Es ist der Sonntag, an dem wir uns an den Einzug Jesu in Jerusalem erinnern. Der Sonntag, mit dem die Karwoche beginnt.

Und so lade ich sie ein, mit mir eine Reise zu unternehmen. Gedanklich zumindest. Und wir stellen uns an den Rand der staubigen Straße, die nach Jerusalem führt. Und warten mit vielen, vielen Anderen, was sich da wohl bald ereignet. Anspannung liegt in der Luft. Irgendetwas kündigt sich an. Anspannung, wie ich sie vor weniger als einem Jahr in Jerusalem selber gespürt habe. Schnell haben wir damals die Altstadt durch das Damaskustor wieder verlassen. Die Bombe, die vier Menschen den Tod brachte, explodierte dann am darauffolgenden Morgen.

Auch vor 2000 Jahren: Anspannung! Von Ruhe keine Spur. Massen in Bewegung!

Das Volk aber, das ihm voranging und nachfolgte, schrie und sprach: Hosianna dem Sohn Davids! Gelobt sei, der da kommt in dem Namen des Herrn! Hosianna in der Höhe!

Die Menge singt. Und in dieser Situation auf der Zufahrtsstraße nach Jerusalem damals kommen mir die Kirchenlieder der Gegenwart in den Sinn. Genauer gesagt sind es zwei unterschiedliche Liedtypen, die in mir aufsteigen.

Der eine Typ hat als Grundtöne eine Vertrauensmelodie. Sie sagt: Uns muss um die Kirche nicht bange sein. Das ist der Cantus firmus. Die tragende, festliche Melodie, mit der Gott sich in der Welt vernehmbar macht.

In diese freudigen Töne mischen sich andere. Und ich höre andere Melodien. Töne der Sorge, dass andere Botschaften der Botschaft der Kirche den Rang ablaufen. Töne der Klage, dass wir immer weniger werden. Und anstatt die Klänge des Himmels

34

hörbar zu machen, kommt mir in meinem inneren Ohr ein ums andere Mal diese Symphonie des Niedergangs in die Quere. Die Kirche – so will sie mich glauben lassen - ist eine Institution in Abwicklung!

Zwei ganz unterschiedliche Melodien sind das. Und während ich der Gruppe um Jesus und die Jünger entgegensehe, die immer näher kommt, sinne ich dieser klagenden Melodie nach. Ich kenne die Strophen dieser Lieder nur zu gut.

Die erste Strophe handelt davon, dass wir immer weniger werden. Dass die Kirche gesellschaftlich immer weniger mehr gehört wird. Dass andere ihr den Rang ablaufen. Hosianna singen die Menschen!

Das Lied hat weitere Strophen. Die traditionellen Lebensformen der Menschen lösen sich. Menschen leben immer weniger in den überkommenen und vertrauten Lebensformen zusammen. Ihre Werte lösen sich, so lautet die Klage, immer mehr auf. Hosianna singen die Menschen!

Auch die Vorstellung darüber, wie eine Kirche aussieht und wie ein Gottesdienst gestaltet werden muss, sind ins Wanken geraten. Die einen lieben Gottesdienste wie diesen @home Gottesdienst. Andere vermissen ihre vertrauten Formen. Und so wird manchmal mehr geklagt als gefeiert. Hosianna singen die Menschen!

Eine weitere, letzte Strophe des Klageliedes beschäftigt sich mit unseren innerkirchlichen Debatten. Wie viele Kirchen werden wir auf Dauer halten können? Bleibt das Pfarrhaus im Dorf? Müssen wir unser Gemeindehaus verkaufen? Vielleicht auch: Wird es auch künftig noch genügend Pfarrer und Pfarrerinnen oder andere Mitarbeiterinnen und Mitarbeiter geben? Hosianna singen die Menschen noch immer!

Und während der Jubel der Menge um mich herum immer mehr an Lautstärke zunimmt, wird mir klar: Auch wenn die eben gehörten Strophen schon auch Wichtiges zu sagen haben, bleibt doch zuallererst festzuhalten: Unsere Kirche hat sich so, wie wir sie in den letzten Jahren und Jahrzehnten erlebt und gestaltet haben, dennoch als erfreulich stabil erwiesen. Wir dürfen also ruhig Lieder der Dankbarkeit singen.

Trotzdem sind Selbstverständlichkeiten ins Wanken geraten. Oder sie drohen gleich ganz wegzubrechen. Und darum stellt sich die Frage nach der Zukunft der Kirche heute vielfach noch einmal ganz neu. Und während mein Blick über die Silhouette von Jerusalem schweift, frage ich mich, was denn mit Kirche gemeint ist.

Da tut sich etwas, ganz in meiner Nähe. Ob der, der jetzt nach Jerusalem kommt, sich Gedanken über die Kirche gemacht hat?

Die Jünger gingen hin und taten, wie ihnen Jesus befohlen hatte, und brachten die Eselin und das Füllen und legten ihre Kleider darauf, und er setzte sich darauf.

Zunächst steht der Ausdruck Kirche für das Kirchengebäude. Ich gehe in die Kirche, sagen wir, und meinen dann das konkrete Kirchengebäude vor Ort, in dem wir zusammen mit anderen Gottesdienst feiern. Dabei haben wir eine ziemlich genaue, fest im Unterbewusstsein abgespeicherte Vorstellung darüber, wie eine Kirche auszusehen hat: mit einem Kirchenschiff und mit einem Turm was das Äußere angeht, mit Altar, Kanzel und Bänken im Inneren.

Wenn wir heute in einem Saal Gottesdienst feiern und nicht in der Kirche – ist das dann dennoch Kirche? Wenn ich als Prälat jedes Jahr eine Kirche entwidme und außer Dienst stelle, geht die Kirche daran zu Grunde? Die Zukunft der Kirche ist darauf angewiesen, dass wir Orte der Begegnung und des gottesdienstlichen Feierns haben.

Keine Frage, auf den Bänken und zwischen den Stühlen, da kann ich diesen Jesus finden – wie damals auf dem Esel.

Wenn ich von Kirche rede, meint das aber auch ein zweites, geht es mir durch den Kopf. Mit Kirche umschreibe ich auch das Beziehungssystem, in das ich mich als Kirchenmitglied einbringe, im Grunde all das, worüber die Website oder der Gemeindebrief berichtet: Gottesdienste, Gruppen und Kreise, Jungschar und Kirchenchor, Flüchtlingsarbeit oder Vesperkirche, Kindergarten, Sozialstation, Ü60 und andere Initiativen. „Er oder sie ist in der Kirche engagiert" – so fassen wir diese Bedeutung von Kirche zusammen.

Die Zukunft dieser Art von Kirche hängt schon entscheidend davon ab, dass es Menschen vor Ort gibt, die zu ihrer Kirchlichkeit stehen und die bereit sind, die nötige Zeit aufzubringen.

Keine Frage: Wo Menschen sich einbringen in ihre Kirche, ob zwei oder drei oder ein paar mehr, da ist der unter ihnen, der jetzt auf seinem Esel immer näher kommt.

Doch mit diesen beiden Antworten ist es noch nicht genug. Kirche, das ist auch die Organisation mit ihren Regeln und ihren Ämtern. Durch 2000 Jahre hindurch hat sich Kirche eine klare Struktur gegeben. In der Jerusalemer Gemeinde sind sieben Personen zu Diakonen ernannt worden. Paulus hat in seinen Gemeinden Älteste eingesetzt. In der Apostelgeschichte können wir das nachlesen. Und in den Briefen an Timotheus und Titus werden schon eine ganze Reihe weiterer Ämter genannt.

Keine Frage: Diese Menschen, die in der Kirche ein Amt innehaben, sie sind selber die Esel, die ihren Herrn in die Welt tragen. Vom früheren Bischof von Recife in Brasilien, Dom Helder Camara, stammt das kurze Gebet: Lass mich dein Esel sein, o Gott!

Es gibt noch eine vierte Antwort auf die Frage, was denn Kirche ist. In dieser Antwort geht es um die Kirche als die Gemeinschaft der Glaubenden. Hier ist jetzt nicht eine konkret verfasste Kirche gemeint wie sie uns vertraut ist. Hier ist die Kirche in dem Sinn im Blick, wie wir sie im dritten Artikel des Apostolischen Glaubensbekenntnisses bekennen: „Ich glaube an den Heiligen Geist, die heilige christliche Kirche, Gemeinschaft der Heiligen usw."- Die meisten werden diese Formulierung kennen.

Wichtig ist: Das kleine Wörtchen „an" im ersten Satz bezieht sich nicht auf die Kirche. „Ich glaube an den Heiligen Geist", aber dann eben: „Ich glaube die christliche Kirche!" Wir glauben nicht an die Kirche. Vielmehr glauben wir, dass es eine Kirche gibt, die Gegenstand, aber nicht Zielpunkt unseres Glaubens ist.

Wenn wir so von der Kirche reden, dann sprechen wir von etwas, das all unserem Verwalten und Gestalten von Kirche vorausgeht. Dass es eine weltweite Kirche Jesu Christi gibt, die sich in vielen konkreten vorfindlichen, großen und kleinen Kirchen widerspiegelt, liegt nicht in unserem Handeln begründet. Diese geglaubte Kirche Jesu Christi ist weder ein von uns gegründeter Verein noch eine durch den Staat garantierte Körperschaft. Sie verdankt sich dem schöpferischen Wirken Gottes im Heiligen Geist.

Natürlich ist diese geglaubte Kirche im eigentlichen Sinn eine unsichtbare Kirche, weil wir letztlich nicht wissen, wer nach Gottes Willen zu ihr gehört. Raum und Gegenstand unseres Gestaltens ist allein die real wahrzunehmende und mit Zahlen zu beschreibende sichtbare Kirche. Sie hat für die Zugehörigkeit überprüfbare Regeln geschaffen. Dabei ist das Kriterium der Taufe mit Wasser ein zentrales und notwendiges, aber im Blick auf die Ökumene nicht immer hinreichendes Kriterium. So ist für manche die erlebte und datierbare Bekehrung ein weiteres Kriterium, für andere – und schon in der Apostelgeschichte so beschrieben - die Taufe mit dem Heiligen Geist. Diese geglaubte Kirche ist unseren Mitgliedschaftskriterien und unseren Grenzziehungen entzogen.

Wir sind für die irdisch-sichtbare Kirche verantwortlich, müssen in dieser leben und glauben. Dürfen diese Kirche mit gestalten. Wir müssen uns dabei aber der Begrenztheit unserer Aufgabe und unserer Möglichkeiten bewusst sein. Denn wir müssen diese beiden Wirklichkeiten von Kirche, die sichtbare und die unsichtbare, voneinander unterscheiden, ohne dass wir sie trennen können.

Dabei mag es große oder kleine Kirchen geben, weltweit verbreitete oder regional begrenzte, auch gut oder schlecht organisierte und geleitete – aber es sind allemal Kirchen im Wirkungsfeld des Heiligen Geistes – oder sie hätten aufgehört, Kirche zu sein. Diese Feststellung ist die größte denkbare Entlastung für uns alle. Für alle, die sich in ihrer Kirche beheimatet fühlen und sich in ihr engagieren. Die sichtbare und konkret erlebbare Kirche ist kein perfekter - fast wäre ich geneigt in theologischer Sprache zu sagen - sündloser Raum, sondern ein Raum, in dem Menschen im Wissen um ihre eigene Begrenztheit ihr Ver- trauen auf Gott setzen und das nach außen auch kommunizieren.

Kein Zweifel, denke ich, Gott liebt die Esel und nicht die protzigen Kutschen. Und er liebt diejenigen, die sich mit einem Esel begnügen. Und die damit zufrieden sind. Und dann sehe ich den Esel vor mir, das Füllen gleich daneben. Und ein Satz des Propheten Sacharja geht mir durch den Kopf:

»Sagt der Tochter Zion: Siehe, dein König kommt zu dir sanftmütig und reitet auf einem Esel und auf einem Füllen, dem Jungen eines Lasttiers.«

Und wie ich diese beiden Esel nebeneinander sehe, denke ich daran, dass ich auch zwei Typen der geglaubten Kirche unterscheiden muss. Die eine Kirche, das ist die, in der die behauptete oder die gelebte klare Unterscheidung und Trennung der Kirche von der Welt gelebt wird. Diese Kirche ist eine Gemeinschaft „ohne Flecken und Runzeln", wie es im Epheserbrief (5,27) heißt. Wer einigermaßen schuldlos durchs Leben kommen will, so denken manche, der hält sich aus den Niederungen der politischen und ökonomischen Lebenswelten fern. Er steht nicht an der Straße, wenn der Mann auf dem Esel einzieht. Sondern bringt sich zu Hause vor der Welt in Sicherheit.

Das andere Extrem ist die Vorstellung, dass sich die Kirche allmählich in die Welt hinein auflöst und überflüssig wird. Wie das Salz, das wir Christen für die Welt sein sollen. Ist das Salz erst einmal im Essen, löst es sich auf. Es ist dann nur noch zu schmecken. Es ist die Position des Kulturoptimismus oder des Vertrauens in die verändernde Kraft eines politischen Konzeptes. Die Kirche wäre dann, biblisch gesprochen, entweder Salz oder so etwas wie ein kleiner Sauerteig, der den ganzen Teig durchsäuert und verwandelt.

Ich möchte Kirche heute noch einmal ganz anders definieren und einen dritten Esel mitlaufen lassen. Kirche, so glaube ich, ist die exemplarische Vorwegnahme der Welt wie sie nach Gottes Willen sein soll. Unter dieser Annahme heißt die Übernahme von Verantwortung für die Zukunft der Kirche, diese Vorwegnahme der Zukunft immer neu zu konkretisieren. Dies kann sowohl räumlich als auch zeitlich verstanden werden.

Räumliche Vorwegnahme hieße dann: Die Kirche ist, in aller Vorläufigkeit, der Ort dieser Vorwegnahme – überall da, wo mitten im Leben in der glaubenden Erinnerung an Jesus Christus Gott selber als gegenwärtig gefeiert wird. Zeitliche Vorwegnahme hieße: Gott selbst kommt uns aus der Ewigkeit entgegen in die

Zeit. In die Geschichten unseres Lebens bricht die Wirklichkeit Gottes ein. In der Kirche ist dann tatsächlich schon erschienen, was wir sein werden.

Jetzt bricht die Menge in Jubel aus!

Aber eine sehr große Menge breitete ihre Kleider auf den Weg; andere hieben Zweige von den Bäumen und streuten sie auf den Weg.

Und während die Menschen ihre Kleider hinwerfen, werfe ich meine dazu. Und bei jedem Stück geht mir durch den Kopf, dass Kirche helfen will, die Welt Gottes in unsere Gegenwart hineinzuziehen – so wie der Mann auf dem Esel den Weg in die Stadt nimmt.

Wie soll Kirche sein frage ich mich? Was für Kleider passen ihr, wenn sie gut in der Zukunft ankommen will?

Anwaltlich soll sie sein und fürsorglich, indem sie für andere Partei ergreift und eintritt.

Begleitend soll sie sein, indem sie Menschen in schwierigen Situationen nicht alleine lässt.

Diakonisch soll sie sein, indem sie Menschen in ihrer Zerbrechlichkeit und in ihrer Mangelhaftigkeit die Fülle des Lebens erahnen und kosten lässt.

Prophetisch soll sie sein, indem sie mutig die Konsequenzen ansagt, die unser Verhalten nach sich ziehen kann.

Politisch soll sie sein, indem sie der Welt zu mehr Gerechtigkeit verhelfen will.

Kritisch soll sie sein, indem sie danach fragt, wie sie sich von der Welt unterscheidet, ohne den Weltbezug zu verlieren.

Geistlich soll sie sein, indem sie ihr Handeln und ihr Entscheiden immer zugleich als geistgewirkt versteht.

In gewisser Hinsicht soll sie auch *himmlisch* sein, indem sie bruchstückhaft vorwegnimmt, was wir mit dem Himmel als dem Ort der Wirklichkeit Gottes meinen.

Frei von den Moden ihrer Zeit war Kirche nie, denke ich. Wie diese Kleider, über die der Esel hinwegläuft, sichtbares Zeichen ihrer Zeit sind. Auch die Kirche hatte immer Anteil an den gesamtgesellschaftlichen Entwicklungen um sie herum. Und sie hat auf Veränderungen immer reagiert. Meistens freilich mit einem Moment der Verzögerung.

Unsere vertraute Form der Kirche, die Kirchengemeinde, entsteht erst in der zweiten Hälfte des 19. Jahrhunderts. An die Bildung von Regionen, wie das derzeit geschieht, hat damals kaum jemand gedacht. Der Aufbruch der Ökumene war damals kaum vorstellbar. Die ACK – die Arbeitsgemeinschaft christlicher Kirchen, die es in vielen Orten gibt - ist eine Erfindung der letzten 40 Jahre.

Dieser ständige Veränderungsprozess in den Kirchen stand freilich immer in einem Spannungsverhältnis zu den an Bewahrung interessierten Kräften. Und natürlich enthielt er immer auch die Frage nach dem, was bei allen Veränderungen nicht zur Disposition steht. Hier muss jede Generation von neuem ihre eigene Antwort geben.

Und mit diesen Gedanken folge ich dem Zug der beiden Esel und dem Reiter im Namen Gottes. Ich frage mich: kennst du diesen Mann auf dem Esel wirklich. Und finde mich mit dieser Frage plötzlich in guter Gesellschaft wieder.

Und als er in Jerusalem einzog, erregte sich die ganze Stadt und sprach: Wer ist der? Das Volk aber sprach: Das ist der Prophet Jesus aus Nazareth in Galiläa.

Ich schaue den Leuten nach und spüre: Zukunft ist angesagt. Damals in Jerusalem. Und heute hier in Graben. Darum will ich jetzt auch mit ihnen in die Zukunft aufbrechen. Ich betätige mich dazu als kirchlicher „Trendforscher". Aber Vorsicht: Ich beschreibe nicht meine Wunschkirche. Ich beschreibe vermutete Trends und Entwicklungen also nicht danach, ob ich sie für wünschenswert halte oder eher nicht. Vielmehr nehme ich an, dass es so kommen könnte.

Ich schaue, welchen Weg die Menschen nehmen, um in die Heilige Stadt zu kommen. Und ich nehme die steinernen Wegweiser am Rande der Straße genauer in den Blick. Und schon ist die Richtung klar. Für die Zukunft der Kirche heißt das:

Trend 1: Eine neue ökumenische Landkarte ist im Entstehen. Um uns herum entstehen neue kirchliche Bündnisse. Die alten Schubladen von links und rechts, sozial und evangelikal, von konservativ und zeitgemäß kommen aus der Mode. Gottseidank. Dazu kommt: Längst nicht alle gehören noch von der Wiege bis zur Bahre einer Kirche an. Es gibt zunehmend mehr Menschen, die bedienen sich längst auch anderer geistlicher Angebote. Auf dem Weg in die Kirche der Zukunft müssen wir lernen: Die Bereitschaft zur religiösen Grenzüberschreitung, innerkirchlich und nach außen wird zunehmen. Ja, sie tut das längst.

Trend 2: Exemplarische Strukturen lösen flächendeckende ab. Zu dem Modell der Ortsgemeinde kommen andere Formen von Kirche dazu: Kirche an „anderen" Orten, Zielgruppengemeinden, Personalgemeinden, Schwerpunktgemeinden, Internetgemeinden etc. Auf dem Weg in die Zukunft der Kirche müssen wir lernen, neu zu definieren, wie wir Kirche und Gemeinde in der Zukunft verstehen und beschreiben.

Trend 3: Kirchen werden auf längere Sicht viel stärker als heute ehrenamtlich getragen. Es werden zunehmend Menschen benötigt, um pastorale Aufgaben zu übernehmen. Pfarrerinnen und Pfarrer, Gemeindediakoninnen und Gemeindediakone und andere in der Kirche arbeitende Mitarbeiterinnen und Mitarbeiter werden deshalb nicht weniger wichtig. Ihre Rolle wird sich teilweise ändern. Auf sie werden große Herausforderungen in der Verantwortung für die Begleitung von ehrenamtlich Mitarbeitenden zukommen. Diese müssen theologisch und pädagogisch ausgebildet und fortgebildet werden. Auf dem Weg in die Zukunft der Kirche müssen wir lernen, das Modell von hauptamtlicher und ehrenamtlicher Arbeit in der Kirche neu zu beschreiben und auszubalancieren.

Trend 4: Vertraute Formen kirchlicher Arbeit werden sich ändern. Nur zwei Beispiele: Es wird womöglich Formen verschiedener Abstufungen in der Zugehörigkeit zur Kirche geben: Vollmitglieder, Sympathisanten, Gäste etc. Dies stellt die zentrale Bedeutung der Taufe nicht in Frage. Es beschreibt eher Wege, die in unterschiedlicher Weise auf die Taufe zugehen.

Weiteres könnte sich ändern. Räume werden nicht nur als Eigentum oder in ständiger Anmietung genutzt. Bestimmte Räume werden nur auf Zeit oder nur zu den Zeiten angemietet, zu denen sie benötigt werden. Auf dem Weg in die Zukunft der Kirche müssen wir von neuem lernen, Menschen für die Kirche zu gewinnen und zum Glauben zu verlocken. Dabei muss manchmal auch Altvertrautes über Bord geworfen werden.

Trend 5: Kirche und Glauben bleiben gefragt. Der Bedarf an Glauben und an Orientierung in einer nüchternen und von materialistischen Werten bestimmten Welt wird nicht abnehmen. Im Gegenteil. Zu welchem Anteil dabei die Kirchen in Anspruch genommen und nachgefragt werden, hängt von ihrer Glaubwürdigkeit ab. Und ich bin auch sicher: Das Gespräch mit anderen Religionen wird unverzichtbarer Bestandteil des eigenen Selbstverständnisses werden.

Dabei werden sich theologische Grundmuster ändern. Die einen gehen von einer zunehmenden Bedeutung charismatischer Formen des Christseins aus. Weltweit ist das unbestritten. Andere sprechen davon, dass den mystischen Formen des Glaubens die Zukunft gehört. Auch daran mag viel Richtiges sein. Aber auch dies wird nicht alle in gleichem Maße betreffen. Auf dem Weg in die Zukunft der Kirche werden wir lernen müssen, dass es keinen Königsweg in die Zukunft gibt. Auch in Zukunft wird es verschiedene Weisen des Kirche-Seins nebeneinander geben.

Die Trends sind beschrieben. Und die Gruppe mit dem Esel und den vielen Menschen ist in Jerusalem angekommen. Unerhört ist, was dann geschieht:

Und Jesus ging in den Tempel hinein und trieb hinaus alle Verkäufer und Käufer im Tempel und stieß die Tische der Geldwechsler um und die Stände der Taubenhändler und sprach zu ihnen: Es steht geschrieben: »Mein Haus soll ein Bethaus heißen«; ihr aber macht eine Räuberhöhle daraus.

Vorsicht also, denke ich! Nicht dass die Kirche der Zukunft den aus den Augen verliert, um den es geht. Den, der einen Esel einer Sänfte vorzieht. Den, den sie doch Herrn der Kirche bekennt. Die Menschen wissen nicht recht, was sie von dem halten sollen, was sich da vor ihren Augen abgespielt hat. „Wer ist der?" fragen sie sich.

Da steht plötzlich ein Engel an meiner Seite. „Wünsch dir was!", sagt er. „Aber nicht für dich. Sondern für die Kirche. Heute hast du gesehen, wie alles begonnen hat. Und in den kommenden Tagen wirst du noch viel mehr sehen. Trauriges und Wunderbares. Und am Ende ist nichts mehr wie es war. Also, wünsche dir was für deine Kirche in 2000 Jahren! Du hast drei Wünsche frei!"

Ich denke nach – und sage dem Engel mutig meine drei Wünsche.

Mein erster Wunsch ist, sage ich, *dass die Kirchen von neuem lernen, der Schöpferkraft Gottes zu vertrauen.* Denn Gottes Schöpfung ist im Werden. Das bedeutet: Sie mögen sich noch weitaus stärker als bisher zu Kirchen entwickeln, die nicht ängstlich ihre Defizite beklagen, sondern ihre Stärken öffentlich macht und zugunsten der Menschen einsetzt. Ich wünsche mir, dass wir in noch viel stärkerem Maße von dem Gebrauch machen, was Martin Luther die Freiheit eines Christenmenschen genannt hat.

Mein zweiter Wunsch ist, dass die Kirchen von neuem lernen, dem Wirken des auferstandenen Christus zu vertrauen. In seiner Nachfolge mögen sich die Kirchen insbesondere den Menschen verpflichtet fühlen, die Jesus Christus ganz besonders im Blick hatte. Menschen, die auf das stellvertretende Handeln anderer angewiesen sind. Menschen unter Bedrohung. Menschen in Ängsten. Menschen in Verhältnissen der Armut und des Hungers. Menschen, die den unterschiedlichsten Formen der Unterdrückung ausgesetzt sind. Ich wünsche mir, dass die Kirche gerade in der Form der Verkündigung durch diakonisches Handeln in besonderer Weise als glaubwürdig wahrgenommen wird. Kirche muss diakonische Kirche bleiben.

Mein dritter Wunsch ist, dass die Kirchen von neuem lernen, dem Wirken des Heiligen Geistes zu vertrauen. Das bedeutet: Sie möge nichts von ihrem dreifachen Auftrag zur Disposition stellen: dem Auftrag der tröstenden Zuwendung zu den einzelnen in Gottesdienst und Verkündigung; dem Auftrag, sich in für gerechtere Strukturen in dieser Welt einzusetzen und Menschen in Not zu unterstützen; dem Auftrag, die Botschaft von der Freiheit auch in Bildungsprogrammen Gestalt annehmen zu lassen. Ich wünsche mir, dass wir im Vertrauen auf diesen Geist Wichtiges von Unwichtigem unterscheiden lernen. Und uns nicht davor drücken, Verantwortung zu übernehmen. Und uns vor allem nicht aus der Welt zurückziehen.

„Nicht schlecht gewünscht!", sagt der Engel. „Es liegt auch an dir, ob deine drei Wünsche Wirklichkeit werden. Und denk` daran, dass es dabei nur auf zwei Dinge ankommt: Auf das Beten und auf das Tun des Gerechten! Wenn du mehr dazu wissen willst, kannst du dich bei Dietrich Bonhoeffer dazu kundig machen. Von ihm stammt dieser Satz!"

Der Engel an meiner Seite ist verschwunden. Und ich bin plötzlich nicht mehr in Jerusalem. Ich bin hier, mitten in der Welt Ende März 2018. Mir wird klar: Dieser heutige Tag ist der erste auf dem Weg in die Zukunft der Kirche. Wie die Kirche der Zukunft wirklich aussieht, kann ich nicht wissen. Aber ich bin sicher, dass die Kirche Zukunft hat. Weil die Zukunft der Kirche Jesu Christi nicht in meiner Hand liegt. Und ich die Zukunft der Kirche nicht garantieren muss. Das ist die Sache Gottes. Darauf kann ich vertrauen. Darauf können wir alle vertrauen. Gottseidank.

Das perfekte Justizverbrechen

Predigt über 1. Könige 21 im Rahmen der Predigtreihe „Kriminalgeschichten in der Bibel" in der Heiliggeistkirche in Heidelberg am Sonntag, 2. September 2019 (14. Sonntag nach Trinitatis)

„Krimi-Freunde kommen in den Sommerferien bereits am Sonntagvormittag auf ihre Kosten: In der Heiliggeistkirche dreht sich in einer Predigtreihe alles um den Tatort Bibel". So heißt es in der Vorankündigung der Predigtreihe, die sie jetzt schon einige Wochen begleitet.

Tatort Bibel! Können wir uns das überhaupt leisten angesichts der Ereignisse der Gegenwart. Liegt der Tatort Straße angesichts der Ereignisse der zurückliegenden Woche nicht viel näher? Ja und nein! Das immer wieder neu Überraschende an der Bibel: Die alten Geschichten sprechen mitten hinein in die Aktualität. Das lässt sich auch dem heutigen Fall abspüren.

Tatort Samaria also. Hauptstadt des Nordreiches Israel, erste Hälfte des 9. Jahrhunderts vor Christus. Fast 3000 Jahre ist es also her, dass sich diese Ereignisse abgespielt haben. Und trotzdem sind sie brandaktuell – im wahrsten Sinne des Wortes.

Wir sind nicht die ersten, die dieser Geschichte nachgehen. Die ersten, das waren diejenigen, denen wir die Überlieferung verdanken. In ihren Königsbüchern, in ihren Chroniken haben sie nicht nur festgehalten, was war. Sie haben Material gesammelt. Sie haben es ausgewertet. Sie sind zu Urteilen über ihre Herrschenden gekommen.

Nicht um Heldenverehrung ist es ihnen gegangen. Sondern um Geschichtsdeutung. Aus den Fehlern der Vergangenheit haben sie ihre Lehren gezogen. Und das, was gelungen war, haben sie ihren Mitmenschen als Vorbild empfohlen. Den Spuren dieser Sammler und Deuter möchte ich jetzt folgen.

„Nun also Ahab! Was wissen wir von ihm?" Eine Gruppe älterer Menschen sitzt im Kreis. Fast nur Männer. Eine Frau ist dabei. Sie ist die Schreiberin. Vor der Gruppe liegt eine Liste der Könige Israels und der Könige Judas. Wir befinden uns im sechsten Jahrhundert vor Christus. Es ist die Zeit der Verschleppung an die Flüsse Babylons.

Der Schriftführer liest vor:

„Im achtunddreißigsten Jahr Asas, des Königs von Juda, wurde Ahab, der Sohn Omris, König über Israel und regierte über Israel zu Samaria zweiundzwanzig Jahre."

„Was wissen wir denn eigentlich von ihm?" fragt einer der Männer? „Er ist militärisch erfolgreich. Hat den König von Damaskus besiegt. Hat den Konflikt mit Salmanassar III., dem König Assyriens nicht gescheut!" „Und ökonomisch?", fragt ein anderer aus dem Kreis. „Höchst erfolgreich! Blühende Wirtschaft. Handelsunion mit Phönizien. Heiratet sogar die Tochter des phönizischen Oligarchen Et-Baal, Isebel mit Namen. Und er hat gebaut. Paläste. Wohnungen. Heiligtümer."

„Heiligtümer? Für wen? Wie hielt er es überhaupt mit der Religion?", fragt der Schriftführer? Der Priester antwortet: „Mit welcher Religion? Er war für alle Religionen offen. Die Zahl der Heiligtümer explodiert. Unser Gott verliert seine Vorrangstellung. Religion wurde von Ahab verzweckt. Er nutzt sie, wenn sie ihm einen Vorteil verschafft. Militärisch. Oder ökonomisch. Elia hat seine liebe Müh' mit ihm. Erinnert ihr euch an den Wettstreit der Priester? Der Test, bei wem das Feuer vom Himmel fällt. Da hat Ahab den Kürzeren gezogen." „Und Elia hat ganz schön gewütet", sagt die Schreiberin. „Hat Hunderte Priester hingerichtet! Kein Ruhmesblatt für unsere Religion!"

„Sei still!", fällt ihr da der Priester ins Wort. „Dieses Urteil steht dir nicht zu!" „Ich bleibe bei meiner Meinung", entgegnet die Schreiberin. „Gott hat kein Interesse am Tod derer, die nicht nach ihm fragen!"

„Klärt das ein ander Mal", sagt da einer, der bisher geschwiegen hat. Einer, den sie den Wetterforscher nennen. „Da gab es nämlich noch etwas. Da gab es eine große Klimakatastrophe. Mehrere Jahre ohne Regen. Ahab hat Elia und seinen Gott dafür verantwortlich gemacht. Wollte Elia deshalb auch umbringen."

„Also kein vorbildlicher König! Mal sehen, was wir da als Urteil in unsere Chronik aufnehmen", sagt der Schriftführer.

„Halt. Urteilt nicht vorschnell. Da ist noch ein Bündel mit Unterlagen über ihn", sagt der Archivar. „Da haben wir noch gar nicht hineingeschaut. Ich öffne mal den Riemen." Eine ganze Sammlung von Dokumenten kommt zum Vorschein.

„Lies vor! Was steht da? Ist das von Bedeutung?" Alle reden durcheinander. Der Archivar ordnet die Dokumente.

„*Tagebucheintrag Ahabs, des Königs*", steht da. „*Heute den Weinberg neben meinen Gärten besichtigt. Ein fruchtbares Stück Land. Ideal, um Gemüse anzubauen. Muss diesen Weinberg unbedingt haben. Werde mit dem Besitzer reden. Gebe ihm ein anderes Grundstück. Oder zahle mit Gold und Edelsteinen.*"

„Was hast du noch?", fragen die anderen weiter. „Einen Brief habe ich hier. Ich lese ihn euch vor:

„Hochverehrter König Ahab. Vielen Dank für euer Angebot, mir meinen Weinberg abzukaufen. Es ist außerordentlich großzügig. Aber ich kann es nicht annehmen. Der Weinberg befindet sich seit Generationen im Familienbesitz. Hier sind die Gräber meiner Vorfahren. Hier ist unsere Sippe verwurzelt. Das wäre eine Gotteslästerung, ihn aufzugeben. Ich bitte sehr um euer königliches Verständnis. Nabot, Bürger Israels und Winzer."

„Hier hat er wohl auf Granit gebissen", sagt der Priester. „Naboth hat recht. Nie hätte er verkaufen dürfen."

„Ich habe noch etliche weitere Dokumente", sagt der Archivar. „Jetzt kommt eine Art Gutachten des Leibarztes von König Ahab. Hört zu:

„Am gestrigen Tag habe ich unseren König Ahab in seinen königlichen Gemächern aufgesucht. Seine Frau Isebel hatte mir diesen Auftrag erteilt. Der König befindet sich in einem beklagenswerten Zustand. Er kann nur noch liegen. Seine Amtsgeschäfte nimmt er nicht wahr. Er kann die Zukunft nicht in den Blick nehmen. Ich habe einen heftigen Fall von Schwermut diagnostiziert. Ursache ist wohl ein gescheitertes Grundstücksgeschäft. Medikamente, um diese Krankheit zu heilen, gibt es keine. Ich habe der Königin Isebel darum den Rat gegeben, sich selber um dieses Geschäft zu kümmern. Anders wird der König seine Schwermut sicher nicht mehr loswerden. Baruch, königlicher Leibarzt."

Der Archivar legt das Dokument auf den Stoß und nimmt das nächste in die Hand. Alle sind gespannt, was er nun vorliest.

„Eine streng geheime königliche Anordnung – aber von der Königin unterschrieben. Dazu hatte sie gar kein Recht. Hört, was hier steht:

An die Ältesten und Vornehmen der Stadt! Lasst ein Fasten ausrufen und setzt Nabot an den obersten Platz. Dann stellt ihm zwei bezahlte Männer gegenüber, die ihr zu einer Falschaussage nötigt. Ihr werdet wissen, wie das geht. Diese Männer sollen Nabot mit folgendem Vorwurf konfrontieren: Du hast Gott und den König gelästert! Danach führt ihn hinaus und steinigt ihn. Er darf nicht überleben."

„Für diese Tat hätte man sie bestrafen müssen", sagt der Schriftführer. „Das ist ja kriminell. Das ist ein Justizmord!"

„Und hier habe ich auch die Todesnachricht!", fährt der Archivar fort. „Ein Schreiben der Obersten in der Stadt Samaria. Nur eine Woche nach dem Schreiben der Königin:

Geliebte Königin Isebel! Wir haben die traurige Pflicht, euch vom plötzlichen Tod eures Nachbarn, des Weinbergbesitzers Nabot Kenntnis zu geben. Er hat sich als Gotteslästerer und Königsverächter erwiesen. Niemand hätte ihm das zugetraut. Aber es gab zwei übereinstimmende Zeugen. Wir haben das Urteil sofort vollzogen. Nabot hat aber auch im Sterben nicht widerrufen. Lange haben wir ihn geschätzt. Und sind jetzt trotz seiner Verfehlung voller Trauer. Euch, verehrte Königin Isebel, wird es gewiss nicht anders gehen!"

„Wie   scheinheilig!",   entsetzt   sich   die   Schreiberin. „Lügenmärchen! Nichts als Lügenmärchen!"

Der Archivar meldet sich wieder zu Wort. „Hier habe ich das Übertragungs-Protokoll des königlichen Thronrates:

Nach dem Tod des Bürgers und Winzers Nabot haben wir die Erblage geprüft. Es gibt bisher keine rechtmäßigen Nachkommen. Der Weinberg des Nabot fällt deshalb ab sofort in den Besitz des königlichen Hauses."

„Das Protokoll verfehlt seine Wirkung nicht", fährt der Archivar fort. „Jetzt folgt noch einmal ein Tagebucheintrag des Königs. Hört, was er schreibt:

Ich war sehr krank! Mein Geist war müde und ohne Antrieb. Nur wegen dieses verbohrten Weinbergbesitzers. Gottseidank hat sich dieses Problem von selber erledigt. Da es keine Erben gibt, gehört das Grundstück nun mir. Es geht mir gleich schon viel besser."

„Unglaublich! Ein Skandal. Justizmissbrauch!" Die Männer, die im Kreis sitzen, sind empört. „Wir tilgen seinen Namen aus der Liste der Könige Israels" – der Schriftführer macht diesen Vorschlag. „Das geht nicht", sagt der Priester. „Wir müssen in der Geschichte der Könige Israels und Judas alle auflisten. Und Ahab ist ja nicht der erste Skandalkönig!" „Das stimmt!" Der Schriftführer resigniert. „Aber was machen wir jetzt?"

„Ich habe noch ein Dokument", sagt plötzlich der Priester. „Ich hab's bisher unter Verschluss gehalten. Ich konnte es auch nicht richtig zuordnen. Seht, es ist ein Redeentwurf. Es steht kein Name darunter. Ich nehme jetzt aber an, dass es sich um ein Dokument Elias handelt. Ja, es muss von Elia sein!" „Du hast einen Redeentwurf von Elia?", fragt der Schriftführer ganz aufgeregt." Und wir wissen bis heute nichts davon!"

„Ja, wir haben den ganzen Nachlass. Elia hat ihn einem meiner Vorgänger übergeben. Und inzwischen liegt er bei uns im Heiligtum unter Verschluss. Ich kann es nur kaum entziffern." „Ich kenne diese Schrift", sagt die Schreiberin. „Sie ist etwas aus der Mode gekommen. Nicht nur Wörter. Auch Zeichen. Ich versuche, euch den ganzen Text vorzulesen. Also:

Höre, König Ahab. Hört alle, die ihr jetzt dabei seid. Du meinst, ich könne dich nicht finden. Oder ich verberge mich vor dir. Nur aus Angst. Ich habe keine Angst. Du müsstest welche haben. Du hast keine Scheu, dich in dem Weinberg zu ergehen, der dir unrechtmäßig zugekommen ist – nein, den du dir mit Gewalt angeeignet hast.

Dabei kommt dir besondere Verantwortung zu. Als König hättest du in besonderer Weise Vorbild sein müssen. Stattdessen reagierst du wie ein beleidigtes Kind, als du den Weinberg nicht gleich bekommen hast. Legst dich ins Bett und mimst den Kranken. Dabei weißt du genau, dass Nabot recht hatte. Er hätte dir nie verkaufen dürfen.

Aber eure Unrechtsgeschichte geht ja noch weiter. Isebel hat in deinem Namen einen Mord in Auftrag gegeben. Einen Justizmord aus niedrigen Motiven. Hört, was Gott euch zu sagen hat: Niemand auf dem Königsthron war schlimmer als du. Wie Nabot, so soll's auch dir ergehen. Du wirst keines natürlichen Todes sterben. Und deine Familie wird das Königtum verlieren! So wahr Gott lebt, wird es so kommen!"

„Ahab hat versucht, sein Schicksal noch zu wenden", berichtet der Priester. „Er hat sich einem Buß-Fasten unterzogen. Viel genützt hat es ihm am Ende nicht." „Es kam tatsächlich so, wie Elia es vorausgesagt hat." Der Schriftführer meldet sich so zu Wort. „Ahab stirbt in einem weiteren Kampf gegen die Aramäer. Wird überraschend von einem Pfeil tödlich getroffen. – Und was schreiben wir jetzt als Urteil über ihn in unsere Chronik?"

„Ich hab' den Bogen schon ausgefüllt", sagt die Schreiberin.

Ahab tat, was dem Herrn missfiel, mehr als alle, die vor ihm gewesen sind. Gott ließ ihn sterben. Und sein Sohn Ahasja wurde König an seiner statt. Er hatte keinen Sohn. Und das Königtum fiel weg von seiner Familie."

Einblick haben wir genommen in die Entstehung des 21. Kapitels des 1. Buches der Könige. Natürlich fiktiv. Aber so ganz anders wird es sicher nicht gewesen sein. Eine alte Geschichte, wie es scheint. Und doch eine Geschichte auch von heute. Maßlose Selbstüberschätzung vieler, die die Macht haben. Falsche Nachrichten, alternative Fakten, mit denen sie die Wahrheit in ihrem Sinne umbiegen und deuten. Eine Meute, die an die Stelle der Justiz treten und sich ihr Recht selber schaffen will. Gebeugtes Recht und verdrehte Wahrheit – sie sind die ersten Anzeichen, dass ein Gemeinwesen Schaden leidet. Auch über uns und unsere Zeit werden andere einmal ihr Urteil fällen. Was werden sie sagen? Dass wir blind waren oder zumindest träge – und dem aufkeimenden Unrecht nicht widerstanden haben? Oder dass wir dem Unrecht das Recht entgegengehalten haben! Dass wir den Götzen den Abschied und Gott die Ehre gegeben haben. Und Recht und Demokratie gestärkt aus den Jahren der plötzlichen Gefährdung hervorgegangen sind.

Nein, die Geschichte von Nabots Weinberg ist kein Krimi. Zumindest nicht nur. Es ist eine Beispielgeschichte. Eine Geschichte, die lehrt, wohin es führen kann, wenn Macht nicht wirksam kontrolliert wird. Wenn die Gier einzelner den Gang der Dinge bestimmt. Wenn der Staat kein Gemeinwesen mehr ist, sondern ein Mittel zum Zweck der eigenen Bereicherung einer kleinen Clique.

Noch scheint alles offen. Noch ist alles möglich! Um es mit Bert Brecht zu sagen: „Liebe Gemeinde, nun such' dir selbst den Schluss. Es muss ein guter da sein. Muss. Muss. Muss!"

Der gute Schluss ist möglich! Daran glauben wir. Darauf hoffen wir. Dies lehrt uns die 3000jährige Geschichte des Gottesglaubens. Nicht nur des unsrigen. Sondern des Glaubens derjenigen, die überall auf der Welt mit uns im Glauben verbunden sind. Auch die Geschichte derer, die vor uns gehofft, geliebt und geglaubt haben.

Mag meine Predigt am Ende sein – wir sind es noch lange nicht. Das lässt mich leben. Das lässt uns leben. Und fröhlich glauben. Heute. Auch morgen noch. Gottseidank!

Aufruhr im Himmel
Predigt über Caritas Pirckheimer im Rahmen der Predigtreihe „Frauen der Reformation" in der Heiliggeistkirche in Heidelberg am Sonntag, 8. Oktober 2017 (17. Sonntag nach Trinitatis)

Aufruhr im Himmel! Aufruhr in der Abteilung „Reformatorisch Gesinnte". Lautstarkes Stimmengewirr an der großen Tür, über der steht: „Frauen der Reformation." Katharina von Bora steht wie ein Baum unter dem Türrahmen und versperrt den Durchgang. Hinter ihr ist, wie eine herbeigerufene Unterstützung, Argula von Grumbach zu sehen.

Vor der Tür eine eindrückliche Frau, die mit klarer Stimme um Einlass bittet. Einen Besuch möchte sie machen. Zu Philipp Melanchthon möchte sie geführt werden. „Mein Name ist Caritas Pirckheimer! Philipp und ich – wir kennen uns. Wir teilen denselben Glauben. Fast jedenfalls!" „Nein!" faucht ihr die Stimme Katharinas entgegen. Und noch einmal: „Nein! Du gehörst nicht zu uns. Du bist nie evangelisch geworden. Unsere Pfarrer hast du als Beichtväter abgelehnt. Hier kommst du niemals durch!" „Und ich habe genug von dir gehört, als ich in Nürnberg war!" Das Echo kam von Argula von Grumbach.

Wer ist diese Frau, der man noch im Himmel zum Vorwurf macht, sie sei niemals evangelisch gewesen? Oder zumindest evangelisch geworden? Wer ist Caritas Pirckheimer? Um sie soll's gehen in dieser Predigt. Um ihr Evangelisch-Sein, das sie tatsächlich nie aus der katholischen Kirche herausgeführt hat. Caritas Pirckheimer – dennoch: eine Frau der Reformation! Eine Frau, der wir trauen und der wir folgen können. Eine reformatorisch Gesinnte ganz eigener Art!

Das Lied vom anderen Leben: Strophe 1
(Melodie EG 449: *Die güldne Sonne*)

Ich will dem Leben, das mir gegeben,
mit Herz und Sinnen nachspür'n; beginnen
dem, was in mir liegt, ganz fest zu vertrau'n.
Ich will neu sehen, die Schritte jetzt gehen
auf deinen Wegen und unter dem Segen,
der mich begleitet. Auf dich will ich bau'n.

Montag, 27. Juni 2016! Ich fahre nach Nürnberg zu einer Tagung. Tagungsort die dortige katholische Akademie. Ihr Name: Caritas-Pirckheimer-Haus. Ich habe den Namen zwar schon gehört, kann ihn aber nicht wirklich einordnen. Neben der Akademie liegt die St. Klarakirche. In der Kirche entdecke ich das Grab von Caritas Pirckheimer. Seit 1960 liegt sie erst dort. Man hatte ihre Gebeine auf dem nahegelegenen Friedhof entdeckt. Ich begebe mich auf Spurensuche. Und ich werde schneller und ausgiebiger fündig als ich zunächst gedacht habe. Eine Kollegin hat gerade einen Aufsatz über Caritas Pirckheimer veröffentlicht, den sie mir zukommen lässt.

Seitdem begegnet sie mir überall. Im Radio. Im Fernsehen. In der Literatur. Caritas Pirckheimer – eine Frau der Reformation, die nie evangelisch geworden ist. Gerade deshalb ist sie so interessant. Gerade deshalb gibt sie zu denken. „Denkwürdigkeiten" – so ist auch eine Quellen-Sammlung mit Texten von Caritas betitelt. Eben weil sie zu denken gibt – bis heute!

Jetzt aber der Reihe nach. Als sie am 21. März 1467 geboren wird, erhält sie nach ihrer Mutter den Namen Barbara. Sie ist die älteste Tochter des angesehenen Juristen Johannes Pirckheimer. Die Pirckheimers gehören zu den politisch einflussreichen und gebildeten Familien in Nürnberg. Doch erst einmal wächst sie in

Eichstätt auf. Der Vater gehört zu den Mitarbeitern des dortigen Bischofs.

Die Kinder sollen humanistisch gebildet werden und in freiem Geist erzogen, das ist dem Vater wichtig. Ob Sohn oder Tochter, da macht er keinen Unterschied. Deshalb sollen sie in Nürnberg die Schule besuchen. Mit zwölf Jahren kommt sie in die Schule des Klara-Klosters in Nürnberg. Vor allem in Latein übertrifft sie alle anderen. Sie kommuniziert mit dem Generalvikar ganz selbstverständlich in fließendem Latein – dem Vater gefällt's. Und die Oberin kann nur staunen.

Die Klosterschule ist für Barbara der einzig richtige Ort. Andere müssen ins Kloster, damit sie versorgt sind. Das ist nicht ihr Problem. Sie will ins Kloster, weil sie als Mädchen nur dort die Bildung erhalten kann, die sie sich selber so sehr wünscht. Die alten Sprachen. Die griechischen Philosophen. Humanistische Bildung überhaupt. Die Klosterschule wird für sie zum unverzichtbaren Lernort.

Aus dem Lernort der Klosterschule wird schon bald der Lebensort Kloster. Mit 16, manche sagen mit 18, lässt sie sich einkleiden. Barbara Pirckheimer wird Nonne. Und sie gibt sich einen Neuen Namen. Sie heißt jetzt Caritas Pirckheimer. Caritas, Liebe – das ist ein großes Lebensprogramm. Immer wieder hat sie Skrupel, ob sie diesem Namen gerecht wird. Wie Martin Luther, der lange auch nicht weiß, ob er Gott recht ist. „Ich heiße Caritas nur dem Namen nach", sagt sie, als sie wieder einmal ins Zweifeln kommt, „nicht der Sache nach."

Die Schwestern sehen das zum Glück anders. 1503 wird Caritas die neue Äbtissin. Und sie trägt ihren Namen zurecht. Eine junge Novizin scheibt an ihren Vater: „Ich habe eine getreue, freundliche, liebe, würdige Mutter an ihr – mehr denn ich sagen oder schreiben kann." Kein Zweifel: Caritas macht schnell Karriere.

Sie ist als humanistisch gebildete Gesprächspartnerin geschätzt. Steht im Briefwechsel nicht nur mit Erasmus von Rotterdam und Albrecht Dürer – doch ihr ist die Bibel wichtiger als die klassische Literatur. Auch hier steht sie Luther näher als viele andere.

Sie ahnt das nicht. Im Jahre 1524 schreibt sie, „es sei zwar keine Sintflut gekommen, aber viel Trübsal, Angst, Not und hernach Blutvergießen durch die neue Lehre der Lutherei!" Die Auseinandersetzung mit der „Lutherei" – das wird ihr Lebensthema. Caritas Pirckheimer ahnt nicht, wie nahe sie theologisch der Lutherei steht – sie ist in Anspruch genommen, sich gegen diese zur Wehr zu setzen. Caritas Pirckheimer ist eine Frau der Reformation – auch wenn sie unter der erst einmal heftig zu leiden hat.

Das Lied vom anderen Leben: Strophe 2

Wo ich geschunden, will ich gesunden
an Leib und Seele, dass mir nichts fehle,
was meinem Leben fest Halt gibt und Grund.
ich will jetzt fragen, will mutiger wagen,
neu zu gestalten, wo Kräfte noch walten,
die nur vertrauen vergangener Stund'.

Aufruhr in Nürnberg. Aufruhr in der Stadt, die sich schnell und gründlich wie kaum eine andere zur Vorzeigestadt der Reformation entwickeln will. Im Frühjahr 1525 setzen die Stadtoberen ein öffentliches Streitgespräch an zwischen den Altgläubigen, wie man die Katholiken nennt, und den reformatorisch Gesinnten.

Der Ausgang des Gesprächs verwundert nicht. Für einen Ausgleich ist es längst zu spät. Die Stadt bekennt sich zur Reformation. Und sie will deshalb alle Klöster schließen. Die Bedingungen sind klar und eindeutig. Die Ratsherren fordern von den Mönchen und Nonnen, „dass ihr Päpste, Konzilien, Väter,

Tradition, Gebräuche, Gewohnheit, alt Hergekommenes und was des Dings auf dem Wort Gottes nicht gegründet ist, ruhen lasst."

Caritas denkt nicht daran, dieser Aufforderung Gehorsam zu leisten. Dem für das Kloster zuständigen Mitarbeiter bei der Stadt, dem sogenannten Pfleger sagt sie: „Ihr begehrt von mir, dass ich die Schwestern anhalten und weisen soll zu den Dingen, die wider mein Gewissen sind. Das werde ich nicht tun, um keines Menschen Gunst oder Furcht willen.‟

Man entzieht den Klarissen ihre franziskanischen Beichtväter. Sie dürfen keine neuen Schwestern mehr in ihren Konvent aufnehmen. Kein Priester darf mehr ins Kloster der mit ihnen Eucharistie feiert und die Beichte abnehmen kann. Caritas und die Schwestern können damit leben. Das Wort Gottes kann man ihnen schließlich nicht wegnehmen. Caritas schreibt in einem Brief an ihren Schwager: „Wir haben das Alte und Neue Testament hier innen wie Ihr draußen, lesen es Tag und Nacht, im Chor, bei Tisch, lateinisch und deutsch, in der Gemeinde und eine jede wie sie will. Darum haben wir durch Gottes Gnaden keinen Mangel am heiligen Evangelium und an Paulus.‟

Lutherisch gesinnte Pfarrer, die man den Schwestern stattdessen schicken will, lehnen diese brüsk ab. Der Grund dafür ist aber nicht etwa ein Widerspruch in theologischen Anschauungen. Caritas Pirckheimer lehrt und denkt unglaublich christusorientiert. So schreibt sie im Blick auf die Rechtfertigung: „Das Leiden Christi ist unsere Gerechtigkeit und gar nicht unsere Werke, denn wir wissen wohl, dass aus den Werken niemand gerechtfertigt wird, sondern allein aus dem Glauben, denn hätten wir durch unsere Werke können selig werden, so wäre der Herr Christus vergebens für uns gestorben."

Diesen und viele ähnliche Sätze lassen sich, teilweise bis in die Formulierung ähnlich, auch bei Martin Luther finden. Das ist kein

Zufall. Martin und Caritas sind beide ganz entscheidend von Johann von Staupitz geprägt. Caritas hat ihn wohl selber auch in Nürnberg gehört. Vor allem hat sie Kontakt zu seinen Anhängern in der Stadt.

Caritas vertritt ganz entschieden eine eigene Variante der Zwei-Reiche-Lehre. Der Rat, so Caritas, kann den Schwestern nur in äußeren, irdischen Dingen befehlen. In geistlichen Dingen aber hat er keine Macht über sie. Zu den geistlichen Dingen rechnet sie ihr Ordensgelübde. Sie fühlt sich ihrem Gewissen gegenüber daran gebunden. Dies sei eine Entscheidung in der Freiheit des Glaubens.

Caritas kennt Luthers Schrift von der Freiheit eines Christenmenschen. Zentrale Sätze aus ihr haben wir vorhin als Lesung gehört. Caritas und Martin – sie bekennen sich beide zur Freiheit, die im Glauben an Christus wurzelt. Aber sie kommen am Ende zu unterschiedlichen Konsequenzen. Caritas schreibt: „Da ja der Geist frei und ungezwungen sein will und muss, auch niemand gedrungen wird in der Weltlichkeit einem Herrn zu dienen, der ihm nicht gefällt, (...) wieviel mehr geziemt es sich dann, den Geist in den geistlichen Dingen ungenötigt und frei zu lassen... !"

Der Konflikt verläuft nicht geräuschlos. Drei Eltern holen ihre Töchter mit Gewalt aus dem Kloster. Eine Schwester verlässt die Gemeinschaft aus freien Stücken. Alle anderen bleiben. Sie bleiben, bis die letzte Schwester stirbt. Freiheit aus Glauben und die Unversehrtheit des Gewissens – das sind die Schlüsselworte der reformatorischen Theologie der Caritas Pirckheimer.

Das Lied vom anderen Leben, Strophe 3:
Frei kann ich glauben, dem Bösen rauben
sein lähmend' Wesen. In neuen Thesen
sprech' ich von dem, der die Kirche bewegt.
Will frei bezeugen, mich nie wieder beugen

ängstlichem Sorgen, genieße den Morgen
den Gott mir heut' in mein Leben gelegt.

Kein Aufruhr im Himmel! Wenn es denn einer war, fällt er in sich zusammen. Philipp Melanchthon erscheint. Und Katherina wird gleich milder. „Bruder Philippus, diese Frau hat nach dir gerufen. Wir haben sie abgewiesen, weil sie nicht nach unserer Lehre glaubt." „Und sie hat ihr Klostergelübde nicht aufgeben wollen wie viele der Frauen hier", fügt Argula hinzu.

Philippus geht strahlend auf Caritas zu. „Es ist eine Weile her, dass wir uns getroffen haben", sagt er. „Es muss wohl 1525 gewesen sein." Natürlich hat Philippus recht. Willibald, der Bruder von Caritas hat dieses Gespräch vermittelt.

Auf den ersten Blick könnte der Gegensatz nicht größer sein. Hier die fast 60jährige, lebenserfahrene und konflikterprobte Nonne. Da der gerade 25jährige Jungstar der Theologie, der kongeniale Mitreformator und Freund Martin Luthers. Hier die scheinbar renitente katholische Äbtissin, dort der Vordenker der Reformation. Überraschend ist, was Caritas über das Gespräch berichtet: "Wir concordierten zu beider Seiten in allen Punkten, denn allein der Gelübde halber konnten wir nicht eins werden: Er meinet ja, sie bünden nicht; ... so meinet ich, was man Gott gelobet hätte, wäre man schuldig zu halten mit seiner Hilf. Er war bescheidener mit seiner Red' denn ich noch keinen Lutherischen gehört hab; es war ihm sehr zuwider, daß man die Leut' mit Gewalt nötigt. Er schied mit guter Freundschaft von uns."

Caritas und Philipp – sie halten fest, dass sie theologisch auf einer Linie liegen. Nur was das Ordensgelübde angeht, sind sie verschiedener Meinung. Für Philippus verdunkelt das Festhalten am Gelübde die Freiheit der Taufe. Für Caritas schützt das Festhalten am Gelübde die Integrität des Gewissens. Das Gespräch bleibt nicht ohne Folgen. Der Rat der Stadt hebt zwar den Entzug der geistlichen Begleitung der Schwestern nicht auf. Aber er verzichtet auf Dauer darauf, das Kloster mit Gewalt zu schließen. „Du bist auch eine Frau der Reformation!", sagt Philippus zu Caritas. „Worüber wir nicht übereingestimmt haben, damals, bei unserem Gespräch, ob das Ordensgelübde aus Gewissensgründen zu halten sei oder nicht, das spielt hier ohnedies keine Rolle mehr. Im Himmel gibt es keine Gelübde."

Und er führt Caritas hinein in den Raum, über dessen Tür zu lesen ist: „Frauen der Reformation". Dass Katharina leicht ihr Gesicht verzieht, wird ihm nicht entgangen sein. Aber Philippus geht mit ihr weiter. Nimmt sie mit in einen anderen Raum, in die Abteilung „Evangelische Reformatorinnen". „Da gehörst du eigentlich hin!", sagt er zu Caritas. Evangelisch oder katholisch, das bedeutet hier nichts. Aber dass du deinem Gewissen gefolgt bist – dass du eingestanden bist für dessen Freiheit und dass du andere mitgenommen hast auf diesen Weg – das zeichnet dich aus vor allen anderen. Aber jetzt komm, Bruder Martin wartet schon auf uns. Er will dich auch kennenlernen."

„Das muss der Himmel sein!", denkt Caritas bei sich. Weil Gott am Ende alles zurechtrückt. Und alle Mauern zusammenfallen, über die wir zeitlebens vergeblich hindurch- und hinübergewollt haben. Wenn die auf der Erde nur auch wüssten, dass die künstlichen Mauern nur dem Leben im Weg stehen. Die Mauern der Religionen. Die Mauern der Konfessionen. Die Mauern zwischen reich und arm. Die Mauern zwischen den Geschlechtern. Die Mauern unterschiedlicher Weisen, das Leben zu gestalten. Dem Geistlichen müssten sie im Leben mehr Raum geben. Im anderen Menschen die Schwester sehen und den Bruder. Oder einfach nur einen Mitmenschen. Weniger auf Macht müssten sie setzen. Und mehr auf Überzeugung und Einsicht.

„Philipp!", sagt sie mit einem Mal. „Ich muss nochmal auf die Erde. Ich kann sie doch nicht leben lassen auf unterschiedlichen

Seiten einer Wahrheit!" „Für dich ist es dazu zu spät!", sagt Philipp. „Aber ich glaube, die sind gerade dabei, das selber zu merken". Und sie haben ja auch noch deine „Merkwürdigkeiten".

Schau, in Nürnberg haben die Katholiken ihr Haus nach dir benannt. Und die Evangelischen fangen an, deine Schriften zu lesen. Die, die die Einheit der Kirche wollen, werden den Aufruhr gegen die Gralshüter überkommener Grenzen nicht scheuen. Da unten braucht's uns nicht mehr. Die feiern sogar schon die Reformation miteinander. Und wer weiß, bald auch schon das Abendmahl." Und mit Caritas hoffe ich auch, dass der liebe Gott all diese Sätze und Wünsche gehört hat. In seinem Himmel kann's doch gar nicht anders sein.

Das Lied vom anderen Leben, Strophe 4:

Vom Paradiese träum' ich und fließe
in neues Werden. Mitten auf Erden
schafft deine Schöpfung im Wandel sich Raum.
Grenzen zu schieben, den Nächsten zu lieben,
bin ich berufen, und steig' meine Stufen,
zu neuen Höhen und leb' meinen Traum!

Schöpfung 2.0
Predigt zum Abschluss der Akademietagung „Damit es weiter brummt und summt" in der Kapelle des Hauses der Kirche in Bad Herrenalb am Sonntag, 4. März 2018 (Okuli)

Heute ist der Sonntag Okuli. „Okuli, da kommen sie!" Von meiner Mutter habe ich diesen Satz als Kind immer wieder gehört. Im Frühjahr, dann wenn sich der Sonntag Okuli im Kirchenjahr genaht hat. Die Zugvögel seien damit gemeint, so hat sie dem wissbegierig nachfragenden Knaben erklärt.

Ich weiß heute, dass es noch etwas anders ist. „Okuli, da kommen sie!" – dieser Satz stammt aus der Welt der Jäger und bezieht sich auf die Schnepfen. „Laetare, das ist das Wahre!", so geht diese Spruchweisheit weiter. Und: „An Judika sind sie auch noch da!"

Um die Schnepfen ist es derzeit nicht mehr so gut bestellt wie damals, in der Mitte des 19. Jahrhunderts, als diese Jägersregel entstanden ist. Seit 2002 stehen die Schnepfen auf der Vorwarnliste für die Rote Liste gefährdeter Tierarten, weil ihr Bestand rapide zurückgeht.

Vor allem den Insekten geht es noch deutlich schlechter als den Schnepfen. Viele sind ganz aus ihrer – und unserer – Lebenswelt verschwunden. Dazu haben sie viel gehört in diesen beiden Tagen. Und bei den Insekten braucht es nicht einmal die besondere Treffsicherheit der Jäger, um sie zum Verschwinden zu bringen. Da tragen wir alle auf unterschiedliche Weise selber ganz ordentlich mit bei.

„Ei, wir tun dir nichts zuleide" heißt es im Kinderlied über die Bienen „Summ, summ, summ"– das ist leider ein Satz, mit dessen

Wahrheitsgehalt es nicht mehr weit her ist. Das Geschöpf Mensch befindet sich im Aufruhr. Und am Ende ist niemand mehr vor unserer Spezies sicher. Nicht einmal mehr die Gattung Mitmensch! Der Mensch ist dem Menschen ein Wolf! Und den Schnepfen und der ganzen Schöpfung dazu. Und wer weiß, womöglich längst auch dem lieben Gott.

Doch sang- und klanglos gibt Gott seine Schöpfung nicht dem Verderben preis. „Ich will hinfort die Erde nicht mehr zerstören!" So lautet das göttliche Bekenntnis am Ende der großen Flut. Jeder Regenbogen erinnert mich daran. Und so leistet Gott auch dem zerstörerischen Wirken seines Geschöpfs des sechsten Schöpfungstages, gegenüber uns Menschen also, Widerstand.

Doch nicht nur der Mensch befindet sich im Aufruhr. Der ganze Himmel dazu. Und Gott selber auch. So hat Gott keine Wahl – und beruft seinen himmlischen Krisenstab ein. „Ich muss den Menschen Einhalt gebieten!", sagt er. „Der Mensch hat kein Erbarmen mit der Schöpfung. Die Welt ist dabei, vor die Hunde zu gehen!"

„Nichts Neues unterm Himmel. Das hatten wir doch schon mal!" Noah ergreift so das Wort. „Stimmt!", entgegnet Gott, „die Welt wäre damals auch fast im Chaos versunken." „Du hast sie dann halt im Wasser versinken lassen." Noch einmal redet Noah, dieses Mal etwas spöttisch. „Das hat ganz schön vielen das Leben gekostet." „Wenn ich nicht eingegriffen hätte, säßest du jetzt nicht hier!", fährt Gott fort. „Aber die Lösung von damals geht heute nicht mehr. Ich stehe im Wort!"

„Du meinst deine Zusage: Ich will die Erde nie mehr zerstören!" „Ja, genau! Sie müssen alle davonkommen, dieses Mal!" „Dann ist es höchste Zeit, um zu handeln!" Albert Schweizer hat jetzt das Wort ergriffen. „Keine Ehrfurcht mehr haben sie vor dem Leben! Dabei ist jeder kleine Moskito ein Beleg für dich als Schöpfer. Was hast du vor?" Gott überlegt. Dann sagt er: „Wir haben keine Wahl. Wir brauchen eine Art Relaunch der ganzen Schöpfung." „Du meinst so etwas wie Schöpfung 2.0?!" Es ist Steve Jobs, der sich jetzt einmischt." „Ich bin dabei." „Du musst kleine kreative Zellen gründen. Thinktanks bilden. Workshops veranstalten. Es sind viele hier, die sich auskennen." „Aber wir dürfen den biblischen Schöpfungsbericht nicht außer Kraft setzen." Raschi, ein jüdischer Theologe aus dem Mittelalter mischt sich jetzt mit diesen Worten ein. „Die Reihenfolge deiner Schöpfungstage ist uns heilig!"

„Dann musst du sieben kleine Thinktanks einsetzen!" Noch einmal mischt sich Steve Jobs ein. Gott lächelt. „Sechs sind genug! Am siebten Tag habe ich doch geruht. Das solltest auch du wissen. Aber deine Idee ist gut. Wir stellen meine Schöpfung auf den Prüfstand. Schöpfung 2.0 Alle an die Arbeit. Ich komme dann bei euch allen vorbei. Schließlich ist es meine Schöpfung!"

Und Gott sprach: Es werde Licht! Und es ward Licht. Da schied Gott das Licht von der Finsternis.

Die Gruppe „Tag 1 - Licht und Finsternis" ist die erste. Alle sind dabei, für die das ein Thema ist. „Was ist euer Beitrag zur Erneuerung der Schöpfung?" Gott fragt ganz direkt. „Meine Erfindung war ein Fehlschlag", gibt Edison zu bedenken. Dass aus einer Glühbirne ein Lichter-Tsunami wird, das habe ich nicht gewusst. Und auch nicht gewollt. Du musst die Lichtbelästigung reduzieren. Sie macht Menschen krank!" „Und sie haben das Gefühl für den Rhythmus des Lebens verloren", gibt ein tibetischer Weisheitslehrer zu bedenken. „Also will ich die Menschen von neuem die Gabe der heilsamen Unterscheidung lehren!", sagt Gott. Und macht sich auf den Weg zur nächsten Gruppe.

*****

Da machte Gott die Feste und schied das Wasser unter der Feste von dem Wasser über der Feste.

Im Workshop der Gruppe „Tag 2 – Meer und Festland" werden Landkarten studiert. „Gott, Schöpfer, ganze Landstriche werden vom Meer überrollt. Und viele Inseln werden verschwinden. Die Heimat meiner Vorfahren versinkt bald im Wasser!" – mit diesen Worten klagt eine Frau aus den Fidschi-Inseln. „Das Klima ist für viele Menschen überhaupt kein Thema. Ob der Wasserspiegel der Meere steigt, ob die Arktis schmilzt, das kümmert sie nicht. Sie setzen auf ihren Götzen Wachstum!"

Gott nimmt sie in den Arm. „Du hast recht. Die Menschen müssen neu lernen, ihre Grenzen zu akzeptieren. Nicht alles, was möglich ist, muss auch wirklich werden." „Das ist mir fast zu philosophisch", entgegnet Chief Seattle, der Indianerhäuptling. „Die Menschen müssen aufhören, soviel Gift in die Luft zu pusten. Sie müssen mit der Natur die Friedenspfeife rauchen!" „Das hast du schön gesagt", entgegnet Gott. „Sie sollen meine Schöpfung nicht nur für ihre Zwecke nutzen. Sondern immer wieder neu einfach staunen. Und das Lob der Schöpfung singen.

*****

Und Gott sprach: Es lasse die Erde aufgehen Gras und Kraut, das Samen bringe, und fruchtbare Bäume, die ein jeder nach seiner Art Früchte tragen.

Bei der Gruppe „Tag 3 – Einkleidung der Erde" ist die Stimmung nicht gerade besonders. „Von wegen: Das Erdreich decket seinen Staub mit einem grünen Kleide!" Paul Gerhardt zitiert aus seinem eigenen Lied. „Ganze Erdstriche sind nur noch Staub." Und Jörg Zink fährt fort: „Sie versteppen. Und werden zu Wüsten! Und große Flächen werden mit Monokultur überzogen. Leiden unter Überdüngung und einseitiger Bodennutzung. Das ist kein Kleid mehr. Das ist eine Zwangsjacke für die Erde!"

Und Carl Friedrich von Weizsäcker ergänzt: „Die Bedrohung durch Atomwaffen und die atomare Energiegewinnung könnte jede weitere Überlegung zur Zukunft deiner Schöpfung ohnedies überflüssig machen. Ich bewundere deine Langmut mit den Menschen!"

Jetzt schaut auch Gott sehr ernst: „Vor der Bedrohung durch die Kernspaltung fürchte ich mich auch. Und derzeit sieht es so aus, als würden einige auf der Erde gerne einmal so richtig zündeln. Doch wenn ich die Erde nicht mehr zerstören will, dann soll es den Menschen erst recht verwehrt werden. Ich werde ihnen Einhalt gebieten. Und ich bin gespannt, was sich die Gruppe 4 überlegt."

*****

Und Gott machte zwei große Lichter: ein großes Licht, das den Tag regiere, und ein kleines Licht, das die Nacht regiere, dazu auch die Sterne.

Wunderschöne Sphärenklänge weisen den Weg zum Workshop der „Gruppe 4 – Sonne und Mond". Die Menschen dort bewegen sich in einem Modell des Himmels hin und her, das an ein Planetarium erinnert. Nur viel komplizierter. Und größer. Albert Einstein meldet sich als erster zu Wort. „Wir haben dein System immer noch nicht wirklich verstanden, du Schöpfer des Weltalls. Ich hatte einst gedacht, ich hätte dich durchschaut. Aber alle Erkenntnis ist relativ. Das habe ich erst hier begriffen!"

Und Neil Armstrong, der erste Mensch auf dem Mond, ergänzt: „Das Weltall ist vor den Menschen zumindest noch einigermaßen sicher. Da reicht ihr Geist wohl nicht aus!" „Aber die Atmosphäre hat schon gewaltige Löcher, weil zu viel CO_2 in die Luft geblasen wird." Ein ehemaliger Umweltpolitiker meldet sich so zu Wort. „Mir hat das damals aber keiner glauben wollen!"

Gott lächelt. Dann sagt er: „Das Weltall ist der letzte Ort, der vor den Menschen einigermaßen sicher ist. Und an dem ich vor den Menschen einigermaßen sicher bin. Aber wer weiß, wie lange noch. Aber meine Erde ist immer noch der schönste Planet, den sie im ganzen Universum für sich finden können. Und der Rhythmus des Alls gibt allem Leben seinen Rhythmus. Die Tage, die Monate, die Jahre – alles bildet sich im Lauf der Gestirne ab. Und aus ihrem Licht könnten sie mehr Energie gewinnen, als sie überhaupt je brauchen.

Aber irgendwie sind die Menschen in der Vorzeit stehen geblieben. Sie lieben es, Feuer zu machen und Dinge zu verbrennen. Früher war das nur Holz. Heute sind das Kohle. Und Öl. Fossile Brennstoffe, die die Luft über Gebühr belasten. Die Menschen denken nicht daran, dass dieses Verbrennen ihnen buchstäblich die Luft zum Atmen nimmt."

„Dabei könnte sie die rechte Ethik und der gestirnte Himmel über ihnen lehren, Ehrfurcht vor dir zu haben!" Immanuel Kant mischt sich plötzlich in das Gespräch ein. „Du hast recht", erwidert Gott. „Nirgends ist meine Handschrift besser zu erkennen als in der Weite des Alls! Aber ich muss weiter."

*****

Und Gott sprach: Es wimmle das Wasser von lebendigem Getier, und Vögel sollen fliegen auf Erden unter der Feste des Himmels. Die Erde bringe hervor Vieh, Gewürm und Tiere des Feldes, ein jedes nach seiner Art.

Im Workshop „Tag 5 – Entstehung des Lebens" gibt es ein Stelldichein aller Biologen und Tierforscher. Karl von Frisch, Konrad Lorenz, Alfred Grzimek und viele andere. Landwirte sind da, Wissenschaftler aller Couleur. Deutlich ist zu spüren: Hier herrscht höchste Alarmstufe. Die Sätze sind in ihrem Durcheinander kaum zu verstehen. „Deine Schöpfung, Gott, verschwindet. Jedes Jahr sterben bis zu 60.000 Tierarten aus: Insekten, Käfer, Vögel, seltene Urwaldtiere. Fadenwürmer,

Fledermäuse. Insekten fallen als Bestäuber weg. Fast ein Drittel aller Tierarten ist vom Aussterben bedroht." „Jetzt erstmal Ruhe!" sagt Gott. „Hektik rettet keine Art. Wir müssen überlegen, wie wir diese Entwicklung stoppen. Eine erste Gegenbewegung ist schon im Gang. Viele Menschen sind aufgewacht. Wissenschaftler, Politiker, Menschen in den Kirchen. Sie machen sich sogar in Akademietagungen Gedanken."

„Das Denken allein hilft aber auch nicht weiter!", wirft Karl Marx ein. „Die Wissenschaft liefert nur kluge Analysen. Und du, Gott, nimmst, so gütig wie du bist, die Welt einfach wie sie ist. Es kommt aber darauf an, sie zu verändern!" „Du musst mich nicht belehren", fällt Gott ihm ins Wort. „Deswegen sind wir doch da. Gute Programme zur Bewahrung meiner Schöpfung sind gefragt! Und eine Erneuerung des Denkens bei den Menschen. Höchste Zeit, dass ich den sechsten Thinktank aufsuche." „Das ist der wichtigste!" Aus dem Hintergrund lässt Martin Luther von sich hören. „Immerhin bist du ja selber Mensch geworden!"

„Heute muss ich wohl bei euch in die Schule gehen", gibt Gott zur Antwort. „Meinst du, du sagst mir da etwas Neues? Und ob die sechste Arbeitsgruppe die wichtigste ist, das weiß ich noch nicht. Schauen wir mal!"

*****

Und Gott schuf den Menschen zu seinem Bilde, zum Bilde Gottes schuf er ihn; und schuf sie als Mann und Frau.

Beim Thinktank „Tag 6 – Erschaffung des Menschen" ist zunächst niemand zu sehen. „Die sind wohl alle in den anderen fünf Denk-Zentren. Sie ahnen gar nicht, was das alles mit ihnen zu tun hat" – leise spricht Gott mit sich selber. Doch halt, einer tritt ihm aus dem Hintergrund entgegen. Jesus aus Nazareth. „Dich bekennen sie doch als neue Schöpfung. Oder als neuen Adam." Es ist Paulus aus Tarsus, der sich so an Jesus wendet.

„Gott von Gott, Licht von Licht haben sie dich genannt. Dir gleich, nicht nur ähnlich. Aber wenn's drauf ankommt, fragen sie nicht einmal nach dir."

Paulus ist außer sich. „Bei mir hätten sie doch alles nachlesen können. Ich hab' doch von der Schöpfung geschrieben, die seufzt und ächzt – und die sich nach Erlösung sehnt." „Vielleicht war das doch etwas zu theologisch formuliert!", wirft Jesus aus Nazareth ein. „Ja, du hättest viel drastischer formulieren müssen", nimmt Gott den Faden auf. „Die Schöpfung schafft sich selber ab! Das hätten sie verstanden. „Aber nicht geglaubt", wirft Paulus ein. „Sie vertrauen deinem Satz: Ich will hinfort die Erde nicht mehr zerstören!"

„Wenn das so ist – mich soll's freuen!" – jetzt ist es wieder Gott, der spricht. „Dann will ich sie unterstützen. Will ihnen gute Gedanken geben. Ideen, die helfen. Und vor allem den nötigen langen Atem. Höchste Zeit, dass sie den Wert des Sabbats wieder neu entdecken. Wenn sie zur Ruhe kommen, werden sie stark sein. Und wenn sie erkennen, dass weniger mehr ist. Dann will ich ihnen Zukunft und Hoffnung geben! Meine Schöpfung – ich will sie nie mehr zerstören. Meine Schöpfung bleibt! Auch als Schöpfung 2.0. Dafür sollen sie arbeiten. Daran sollen sie glauben. Und deshalb sollen sie feiern.

*****

„Okuli, da kommen sie!" - damit hat diese Predigt begonnen. Und damit soll sie auch schließen. Aber kommen sollen nicht nur immer wieder neu die Schnepfen. Sondern auch die Einsicht. Die guten Gedanken. Und die Bereitschaft, umzukehren von Wegen, die sich als gefährliche Irrwege erwiesen haben. „Okuli, da kommen sie!" – unsere Hoffnungen, dass du, Gott, das Ruder herumreißt. Und deine Schöpfung Bestand hat. In dir. Und für uns!

Ein Tanz kostet Johannes den Täufer den Kopf
Predigt über Markus 6, 13-27 in der Reihe „Tanz und Bibel" in der Heiliggeistkirche in Heidelberg am Sonntag, 28. Juli 2018 (6. Sonntag nach Trinitatis)

Tanz und Bibel! Ganz harmlos, auf samtenen Pfoten, kommt der Titel der diesjährigen Sommerpredigtreihe daher. Fast beschwingt. Sommerlich leicht. Tanz und Bibel. Wer will hier Argwohn hegen.

Tanz – das ist Bewegung im kosmischen Rhythmus. Das ist Emotion und Hingabe. Das ist Spiel mit Distanz und Nähe. Mit gewollter Außenwirkung und mit bewusstem Rückzug aus der Welt. Tanzen, das ist Figur und Tradition, das ist Lust und Erotik.

Der Tanz, um den es heute gehen soll, hat vieles davon. Und setzt am Ende doch eine Tragödie in Gang. Nein, das ist kein Tanz mit Entlastung und Happy End. Stattdessen Mord und Todschlag. Eher die grässlichen Bilder der Untaten des IS in mir aufrufend als das, was eine Predigt doch eigentlich sein soll: Zuspruch des Lebensrechts im Angesicht Gottes. Erbauend und heilsam. Kritisch und Orientierung gebend – gerade in herausfordernden Zeiten.

Das Evangelium eines abgeschlagenen Hauptes – es will sich mir schon über Wochen einfach nicht erschließen. So suche ich mir Rat. Spreche Menschen an, die sich, wie ich meine, auf Weltdeutung verstehen. Und die zugleich menschenkundig sind. Ich setzte sie dem Text aus und nehme wahr, was er mit ihnen macht.

Der Name, der sich allen gleichermaßen aufdrängt, der sich in den Vordergrund schiebt, das ist der des Herodes. Der Bösewicht aus der Weihnachtsgeschichte hat durchaus Prominenz. Der, der einem kleinen Kind nachstellt. Der, der die Magier aus dem Osten für seine Zwecke nutzen will. Der Kindermörder von Bethlehem, der alle Kinder unter zwei Jahren getötet haben soll.

Aber dieser Herodes ist schon lange tot, als der magische Tanz des heutigen Predigttextes seine Wirkung entfaltet. Hören wir, was von diesem anderen Herodes berichtet wird.

Dem König Herodes kam zu Ohren, was die Anhänger von Jesus taten: Sie predigten, man sollte Buße tun; sie trieben viele Dämonen aus und salbten viele Kranke mit Öl und machten sie gesund. Und die Leute sprachen: Johannes der Täufer ist von den Toten auferweckt worden, und darum wirken solche Kräfte in ihm. Andere aber sprachen: Er ist Elia; wieder andere: ein Prophet wie einer der Propheten. Als es aber Herodes hörte, sprach er: Es ist Johannes, den ich enthauptet habe, der ist auferweckt worden.

Herodes und Jesus – das ist also erneut die Konkurrenz – wie schon nach der Geburt. Da ist Johannes auf grässliche, verbrecherische Weise aus dem Leben in den Tod gezogen. Und da zieht einer durchs Land – und wiederholt dessen Programm. Öffentlichkeitswirksam. Ist im Gerede. Ruft zur Buße auf wie Johannes. Ja mehr noch: Er macht Kranke gesund.

Und unser Herodes, der doch mehr auf Macht setzt als auf den Glauben, sieht keine andere Lösung als zu glauben: Johannes lebt. Er ist auferweckt worden. Osterglaube – lange bevor es dann wirklich Ostern wird.

Aber ich bin mit diesem Herodes noch nicht fertig. Und ich will am Ende schließlich den Sinn des Tanzes verstehen. Lege seine Geschichte einem Therapeuten vor, der viel Erfahrung hat mit familiären Strukturen und Systemen. Er hört zu:

Herodes hatte ausgesandt und Johannes ergriffen und ins Gefängnis geworfen um der Herodias willen, der Frau seines Bruders Philippus; denn er hatte sie geheiratet. Johannes aber hatte zu Herodes gesagt: Es ist nicht erlaubt, dass du die Frau deines Bruders hast. Herodias aber stellte ihm nach und wollte ihn töten und konnte es nicht.

Denn Herodes fürchtete Johannes, weil er wusste, dass er ein gerechter und heiliger Mann war, und hielt ihn in Gewahrsam; und wenn er ihn hörte, wurde er sehr unruhig; doch hörte er ihn gern.

Was für ein komplexes familiäres System. Und gleich über mehrere Generationen hinweg. Der Therapeut ist begeistert. Wie aus dem Lehrbuch der Familiensytemik.

Dieser Herodes heißt ja eigentlich Herodes Antipas. Er ist der zweite Sohn der vierten Frau des großen Herodes aus der Weihnachtsgeschichte. Am Ende hat er zehnmal geheiratet. Dieser Herodes der Große ist aber schon im Jahre 4. v.Chr. gestorben. Übrigens: Dann muss dieser Jesus aus Nazareth mindestens 6. v. Chr. geboren sein. Aber das ist eine andere Geschichte.

Herodes Antipas heiratet nun die Herodias; die war eine Enkeltochter des großen Herodes. Und war vorher mindestens schon mit einem Stiefbruder ihres Mannes verheiratet, vielleicht sogar schon mit zweien seiner Brüder. Ihre Tochter aus einer früheren Ehe trägt in unserem Text keinen Namen. Spätere Generationen identifizieren sie mit Salome, einer der uns bekannten Töchter der Herodias.

Diese Salome war also eine Enkeltochter des großen Herodes über ihren Vater und eine Urenkeltochter desselben Herodes über ihre Mutter. Bei der herodianischen Familie geht es nie um etwas anderes als um Macht und Intrige. Es geht immer darum, sich den Römern anzudienen. Und es geht zugleich darum, die Untertanen bei Laune zu halten. Und mögliche Rivalen aus dem Spiel zu nehmen.

Was wie dynastische Normalität wirkt – und was über die Jahrhunderte ein übliches Spiel der Herrschenden bleibt – hier gibt es Signale heftiger Kritik. Johannes der Täufer, dem diese Kritik in den Mund gelegt wird – er ist kein singulärer Kritiker. Er ist der erinnerte Sprecher der vielen. Lange vor allen demokratischen legitimierten Herrschaftssystemen begehren Menschen hier auf. Nein, es geht nicht einfach um Moral. Es geht um fehlende geklärte Macht-Strukturen. Es geht um die Weitervererbung der dunklen Anteile einer komplexen Familiengeschichte. Vom Vater auf den Sohn. Und von der Mutter auf die Tochter.

Kein Wunder, dass die letztere nicht einmal den Versuch macht, selber zu entscheiden, wie es weitergehen könnte. Sie delegiert ihre Verantwortung an ihre Mutter. Und damit an das System.

Hier gibt es so etwas wie das herodianische Syndrom. Es macht eine ganze Familie krank. Es isoliert sie. Und es vererbt sich weiter.

Herodes sieht seine Identität in Gefahr. Und er schwankt hin und her wie ein Rohr. Er ahnt, dass Johannes mit seiner Kritik den Finger in eine heftige Wunde legt. Aber er hat keinen inneren Antrieb, wirklich etwas zu ändern.

Gespannt höre ich dem Familientherapeuten zu. Er legt eine wichtige Spur. Aber es gibt noch weitere. Jetzt kommt die Tanzpädagogin zum Zug, ich, will hören, was sie sagt. Die ist zunächst begeistert. Eine wunderbare Beispielgeschichte! sagt sie. Dancing at its best. Tanzen, wie es besser nicht sein könnte. So tanzen können, dass die Leute den Verstand verlieren. Nicht nur die Tanzenden selber. Nein, auch die Zuschauenden. Das ist die Krönung aller Tanzkunst! Ich lausche nochmal auf die Worte:

Und es kam ein gelegener Tag, als Herodes an seinem Geburtstag ein Festmahl gab für seine Großen und die Obersten und die Vornehmsten von Galiläa. Da trat herein seine Tochter, die von Herodias, und tanzte, und sie gefiel Herodes und denen, die mit zu Tisch lagen. Da sprach der König zu dem Mädchen: Bitte von mir, was du willst, ich will dir's geben. Und er schwor ihr feierlich: Was du von mir bittest, will ich dir geben, bis zur Hälfte meines Königreichs.

Ist das nicht wunderbar? Wenn das Ende nicht so schrecklich wäre, dann wäre dies meine Lieblingsgeschichte. Da tanzt eine Frau – und die Männer schauen nicht nur zu. Einer ändert wirklich sein Leben. So wie Johannes das doch eigentlich will. Einer kehrt um von seinen Machtgelüsten. Er will seine Macht teilen. Will die Hälfte abgeben. Wie der Zöllner Zachäus, nachdem er Jesus begegnet.

Ich wage den Widerspruch: Herodes Antipas geht ja kein Risiko ein. Was er seiner Stieftochter vererben will, bleibt doch in der Familie. Die Besitzenden schieben ihr Vermögen hin und her. Herodianisches Familien-Monopoly.

Die Tanzpädagogin widerspricht. Der Text sagt eindeutig etwas anderes. Dieser Stiefvater ist hin und weg. Er ahnt etwas von der verändernden Kraft des Tanzens. Er spürt: Was wir haben, engt uns ein. Immobilien machen immobil. Er will sich entlasten. Will leichter werden. Mobiler. Um am Ende auch besser tanzen zu können.

„Lass mich abgeben", sagt er. „Du kannst gern davon haben. Nicht mehr als die Hälfte." Ganz loslassen – das gelingt ihm nicht. Aber immerhin: die Hälfte! Was ist das für ein Tanz. Bewegung, die die Welt neu ordnet. Salome – eigentlich ist sie die Schirmherrin aller Tanzenden. Ihr Bild müsste in jeder Tanzschule hängen.

Und das Bild des Kopfes des Täufers gleich noch nebendran, sage ich.

O, da gibt's wunderbare und ästhetische Bilder! Große Kunst. Der Kopf des Täufers. Ein beliebtes Motiv. Jetzt zitiere ich den Kunstgeschichtler, den ich auch dieser Geschichte aussetze. Auch er hört sich diese Worte genau an:

Und die Tochter ging hinaus und fragte ihre Mutter: Was soll ich bitten? Die sprach: Das Haupt Johannes des Täufers. Da ging sie sogleich eilig hinein zum König, bat ihn und sprach: Ich will, dass du mir gibst, jetzt gleich auf einer Schale, das Haupt Johannes des Täufers. Und der König wurde sehr betrübt. Doch wegen der Eide und derer, die mit zu Tisch lagen, wollte er sie nicht abweisen. Und alsbald schickte der König den Henker hin und befahl, das Haupt des Johannes herzubringen. Der ging hin und enthauptete ihn im Gefängnis und trug sein Haupt herbei auf einer Schale und gab's dem Mädchen, und das Mädchen gab's seiner Mutter.

Einer der ganz Großen der Malerei hat sich dieses Motivs angenommen. Und nicht nur einmal. Ich spreche jetzt von Caravaggio. Mindestens drei Bilder von ihm zu diesem Thema kennen wir. Aufzufinden auf Malta, in London und in Madrid. Das Haupt dargestellt, als sei es noch voller Leben. In einem Fall hat Caravaggio das Bild im dargestellten Blut signiert. Das einzige Bild von Caravaggio, das er überhaupt signiert hat. „Ich, Caravaggio, tat es!" - 1608. Manche meinen, er gestehe damit selbstbewusst einen Mord ein, den er selber begangen hat. Und dessetwegen er sich auf der Flucht befindet.

Übrigens: Auf dem Bild hält Herodias entsetzt die Hand vor ihren Mund. Als Betrachter kann ich das nicht anders deuten: Es ist das Eingeständnis der eigenen Untat. Herodias erkennt, welchen Frevel sie begangen hat. Der Maler Caravaggio - er ist nicht nur der Meister der Darstellung von Licht und Schatten auf der Leinwand. Er überträgt diese Einsichten auch auf die Menschen. Er ist auch ein großer Menschenkenner und Theologe.

Es gibt unzählige Darstellungen dieser grässlichen Szene. In unzähligen Kirchen. Übrigens haben sich auch Literatur und Musik dieses Themas angenommen. Richard Strauß hat das Buch Salome von Oscar Wild zum Thema seiner gleichnamigen Oper gemacht. Irgendwie ist das ein Ur-Thema der Menschen – sich den Gegner im entscheidenden Moment öffentlichkeitswirksam vom Hals und aus der Welt zu schaffen. Und so zugleich das Ende der eigenen Macht einzuleiten. Die Fähigkeit der Menschen, Unrecht schweigend zu erdulden – sie hat eine Grenze. Damals. Und heute zum Glück auch noch.

Ein großes Thema der Kunstgeschichte – so fasst der Fachmann seine Einsichten zusammen. Das Drama des unrechtmäßigen gewaltsamen Todes des Gerechten.

Jetzt wird's aber so richtig theologisch, denke ich. Da ist es doch längst, sagt der Kunsthistoriker. Das Drama des Johannes – es ist die Vorabbildung des Leidens Christi. Manchmal bis in die Mimik und Gestik der Gesichter hinein.

So war das immer mit den beiden, sage ich: Johannes und Jesus – dass der eine der Vorläufer des anderen ist, das ist die theologische Deutung der Evangelisten. Tatsächlich waren sie auch Rivalen. Zwei Protagonisten der Umkehr zu Gott mit ähnlicher Sozialstruktur ihrer Bewegung. Mit einem Leben in der Rolle als Schulhaupt einer Jüngerschaft und zugleich immer wieder den Rückzug in die Wüste praktizierend. Mit ähnlicher Botschaft: Kehrt um, das Reich Gottes ist nahe herbeigekommen.

Aufs Ganze gesehen hat sich die Jesus-Bewegung durchgesetzt. Und die Evangelisten haben eine klare Zuordnung der Rangfolge vorgenommen. Der eine bereitet den Weg des anderen. Dennoch: Johannes, der Täufer – um ihm Gerechtigkeit angedeihen zu lassen: Er ist einer der ganz Großen in der Geschichte derjenigen, die die Menschheit mit dem Gottesthema infiziert, sie mit diesem in Beziehung gesetzt haben. Er ist einer, der den Mut hatte, auch auf die Konsequenzen hinzuweisen.

Der römische Vasall Herodes Antipas lässt ihn am Ende umbringen. Wie der römische Verwaltungsbeamte Pilatus den anderen.

Und was ist mit Salome? frage ich. Was ist mit ihrem vergifteten Tanz? Eine Antwort könnte sein: Misstraut aller Macht der Suggestion – wie süß sie auch daherkommt. Was den Verstand ausblendet, ist am Ende höchst gefährlich! Beim Tanz der Salome war das so. Bei den Aufmärschen der Nazis. Auch bei den populistischen Fake-News-Protagonisten jenseits des Atlantik und jetzt auch jenseits des Kanals.

Nichts hat das Recht, mich dazu zu bringen, einfach so die Hälfte dranzugeben wie Herodes Antipas – ohne dass jemand etwas davon hat. Nichts darf mich dazu bringen, meine Verantwortung dranzugeben wie Salome, die sich von ihrer Mutter fremdsteuern lässt.

Es ist der Gottesglaube, der mich davor bewahrt. Es ist dieses grenzenlose Vertrauen in ein Gegenüber, das mein Leben zur Erfüllung und zum Gelingen bringen will – und nicht die eigenen Machtgelüste.

So bleibt vom Tanz der Salome am Ende die Einsicht in die Uneindeutigkeit des menschlichen Lebens. Schönheit, Ästhetik und Lust, die am Ende Unrecht und Gewalt gebären. Es braucht den Punkt von außen, um zu überleben. Es braucht das Gegenüber, das mich gegen allzu schöne Sirenenklänge immunisiert. Es braucht dieses absolute Gehaltensein jenseits aller Strategien der Absicherung.

Es braucht Gott. Und wenn Gott mich über Mauern springen lässt, wird er mich am Ende auch tanzen lassen.

Durch die Altstadt in die Zukunft zur Kirche 2.0

Predigt im ACK-Gottesdienst zum Reformationsfest in der Heiliggeistkirche in Heidelberg am Donnerstag, 31. Oktober 2019 (Gedenktag der Reformation)

Gedenktag der Reformation 2019! Erinnerung daran, dass wir nicht die ersten sind, die Kirche reformieren wollen. Dankbarkeit, dass da eine Bewegung entstanden ist, die den Blick der Kirche wieder auf das Wesentliche zurückrichten wollte. Sola Fide! Allein aus Glauben. Sola Gratia! Allein aus Gnade. Sola Christus. Allein Christus! - als der, um den es geht, wenn Gottes Menschenfreundlichkeit ein Gesicht bekommen soll.

Dass sie das Reformationsgedenken 2019 hier in Heidelberg in ökumenischer Geschwisterlichkeit begehen und gottesdienstlich feiern, erfüllt mich mit Freude. So wird hier in der Kirche und mitten in der Öffentlichkeit deutlich, dass wir gemeinsam unterwegs sind. Und dass dieser 31. Oktober nicht Anlass zu einem Fest der Trennung ist - und schon gar nicht eines Festes in triumphalistischem Geist!

Am 31. Oktober erinnern wir uns zugleich daran, dass die Einheit der Kirche immer noch eine sehr fragile, brüchige Realität darstellt. Eher eine herbei gesehnte ist als eine schon ins Leben gezogene Wirklichkeit. Aber im gemeinsamen Feiern nehmen wir diese Einheit schon vorweg. So nähern wir uns in allen Widrigkeiten unseres Lebens und in den unterschiedlichen Wirklichkeiten unserer Kirchen den Hoffnungen zumindest an, die mit den Erfahrungen der Einheit verbunden sind. Darum soll's gehen in diesem Gottesdienst. In den gemeinsam gesungenen Liedern. Und in der Bach-Motette, die heute zur Aufführung gelangt. Und nicht zuletzt eben auch in der Predigt.

Ich möchte sie einladen, sich zumindest gedanklich mit mir auf den Weg zu machen. Es ist der 31. Oktober, irgendwann zwischen 1725 und 1730, gut 200 Jahre nach Luthers Thesenanschlag. Aus der Reformation ist irgendwann Alltag geworden. Aber seit Kurfürst Johann Georg II. von Sachsen 1667 angeordnet hat, jeden 31. Oktober als Gedenktag der Reformation zu feiern, ist an diesem Tag auch Gottesdienst.

Frühmorgens laufe ich durch Leipzig. Aus der Thomaskirche höre ich unverkennbare Klänge. Chormusik! Ich meine noch leise einen Generalbass wahrzunehmen. Ich bleibe stehen. Johann Sebastian Bach hat wohl wieder etwas Neues komponiert. Wie produktiv er ist. Die Melodie kenne ich. Johann Crüger hat sie geschrieben. Einst Kantor an St. Nicolai in Berlin. Sie ist gerade erst ein Dreivierteljahrhundert alt. Mit dem Text von Johann Francks Strophen ist sie bekannt geworden. „Jesu, meine Freude"!

Aber die Strophen werden nicht hintereinander gesungen, fällt mir auf. Zwischen die Liedstrophen werden jeweils andere Texte eingeschoben. Ich entschließe mich, in die Kirche hineinzugehen. Damit ich die Zwischentexte besser verstehe. Die Liedstrophen kenne ich auswendig. Bei den Zwischentexten fällt mir auf: Immer Verse aus dem Römerbrief, 8. Kapitel; natürlich kenne ich diese Verse:

So gibt es nun keine Verdammnis für die, die in Christus Jesus sind. Denn das Gesetz des Geistes, der lebendig macht in Christus Jesus, hat dich frei gemacht von dem Gesetz der Sünde und des Todes. Wenn aber der Geist dessen, der Jesus von den Toten auferweckt hat, in euch wohnt, so wird er, der Christus von den Toten auferweckt hat, auch eure sterblichen Leiber lebendig machen durch seinen Geist, der in euch wohnt.

Nicht nur Paulus steckt da drin, denke ich. Unverkennbar doch auch Luther! Auch eine Hommage an Luther ist es also, was ich da gesungen höre. Der ist ja ohne den Römerbrief gar nicht zu denken. Um den Christus Gottes geht's in diesen Versen, ganz klar. Aber immer auch um das Thema des Geistes. Dabei spielt der Heilige Geist bei uns doch gar kaum eine Rolle. Aber Bach will ja immer auch predigen. Gesungen predigen. Nicht nur einfach musizieren. Irgend etwas muss sich Bach ja dabei gedacht haben.

Luther hätte seine Freude an ihm gehabt, da bin ich sicher. Beide waren Neuerer. Beide wollten die Kirche nach vorn bringen. Wollten den Christus in den Vordergrund rücken.

Nicht weit weg von St. Thomas sehe ich Licht in der katholischen Kapelle in der Pleyßenburg. Seit 1710 gibt es auch wieder katholische Gottesdienste in Leipzig. Die bereiten in der Burgkapelle den Gottesdienst für Allerheiligen vor, das weiß ich. Und sie werden morgen dort auch singen. Und doch sicher auch Christus in den Mittelpunkt stellen. Allein schon in der Eucharistie. Die einen feiern und singen heute. Die anderen morgen. Daran habe nicht nur ich mich gewöhnt. So ist das eben. Fast schon seit 200 Jahren. Ich verlasse die Kirche wieder. Irgendwie bin ich unzufrieden. Aber ändern kann ich's halt nicht.

Nur die Musik, die ich eben gehört habe, die klingt noch in mir nach. Diese Motette von Bach, am liebsten würde ich sie gleich noch einmal hören!

- *Johann Sebastian Bach, Jesu meine Freude* -

Es ist der 31. Oktober 2019. Ich nutze diese Tage, um Heidelberg etwas näher kennenzulernen. Am Abend schlendere ich durch die Hauptstraße. Aus der Heiliggeistkirche meine ich Chorgesang zu hören. Gottesdienst – mitten unter der Woche? Ich bin überrascht. Ich gehe einfach in die Kirche hinein. Stimmt. Heute ist ja Gedenktag der Reformation. Schön, dass die das feiern. Und dann auch noch in der Gemeinschaft unterschiedlicher

Kirchen. Das freut mich. Dann singt ein Chor. Eine Bachmotette lese ich im Programm. Ich liebe Bachs Musik. Wie gut, dass ich zufällig in diesen Gottesdienst geraten bin, denke ich.

„Jesu, meine Freude" wird aufgeführt. Sechs Choralstrophen. Dazwischen Bibelverse. Bach war halt wirklich genial. Eine gesungene Predigt. Hoffentlich geht die Predigt der Wörter nicht zu lang. Ich höre den Worten der Predigt zu. Das interessiert mich. Immer wieder höre ich die drei Buchstaben ACK. Arbeitsgemeinschaft christlicher Kirchen. Von einer ökumenischen Reise nach Rom höre ich. Und von dem Treffen mit einem Kardinal. Jetzt höre ich gespannt zu, was da berichtet wird.

„Was haben sie 2017 eigentlich gefeiert? 1517 war Martin Luther doch noch katholisch!" Kardinal Koch, der Leiter des vatikanischen Sekretariats zur Förderung der Einheit der Christen hat uns Delegierte der ACK-Baden-Württemberg so gefragt. Wir hatten ihn im Rahmen unserer Rom-Reise vor vier Wochen zu einem Gespräch aufgesucht.

Ehrlich gesagt, erst war ich perplex, dann entsetzt. Und ich habe mich gefragt: Beginnt die Kirche der einen vor 2000 Jahren? Und die der anderen dagegen erst vor 500 Jahren oder gar noch später? Für mich gibt es nur eine große Bewegung der Kirche durch die Geschichte hindurch. Und in dieser Bewegung differenziert sich der breite Strom in immer neue Fließarme und Gewässer. Als Angehöriger einer der Kirchen, die aus den Reformationen des 16. Jahrhunderts hervorgegangen ist, ist auch die Kirche vor 1517 meine Kirche. Und mit Martin Luthers ist es sicher nicht anders. Deshalb gab es vor zwei Jahren gute Gründe, der Ereignisse vor 500 Jahren zu gedenken. Und heute ist das nicht anders. Es gibt eben nur einen Leib Christ.

Was bedeutet dann mein Evangelisch- oder Katholisch-Sein? Von welcher Kirche rede ich, wenn ich orthodox, methodistisch oder baptistisch unterwegs bin? Was machen wir heute, wenn wir hier kirchenverbindend gemeinsam Gottesdienst feiern? Versuchen wir mit großer Anstrengung, bestehende Risse zu übertünchen? Oder tun wir nicht schlicht eben das, was unsere Aufgabe als Christinnen und Christen ist? Nämlich zu feiern, dass der Glaube an Christus die Kirche herausfordert, das zu leben und vorwegzunehmen, woran wir bisher ein ums andere Mal gescheitert sind.

Johann Sebastian Bach war evangelischer Kantor. Und es gab Zeiten, da war die Aufführung seiner Werke auch auf seine evangelische Herkunftskirche beschränkt. Das ist - gottseidank! – inzwischen nicht mehr so. Bachs Musik lässt konfessionelle Grenzen längst in sich zusammenfallen. Ähnlich wie bei den vier Evangelisten der Bibel, die ja keiner Kirche allein gehören, ist es also auch mit dem fünften, wie man Bach immer wieder nennt.

Bachs Gegensätze überwindende Kraft macht an den Grenzen der Kirche nicht Halt. Wie kaum ein anderer Komponist lockt er Menschen in Konzerte und in Kirchen, für die Gott eigentlich längst kein Thema mehr ist. Einer der großen skeptischen Denker des letzten Jahrhunderts, der rumänische Philosoph Emil Cioran, selber eher Gott-Suchender als Gott-Finder, hat sich am Ende sogar zu dem Satz verstiegen: „Wenn es jemanden gibt, der Bach alles verdankt, dann ist es Gott." Was für eine gewagte These, denke ich. Aber ich verstehe ganz gut, was er meint.‟

Ich habe jetzt genug gehört. Nachdenklich verlasse ich die Heiliggeistkirche.

Es ist der 31. Oktober 2060. Ich gehe durch das historische Viertel in der städtischen Region Heidelberg in der Groß-Metropole Rhein-Neckar. Aus der Kirchentür von Heiliggeist dringt Musik nach draußen. Eine kirchliche Veranstaltung mitten unter der Woche. Ich gehe einfach in die Kirche hinein. Die Kirche ist dicht gefüllt. Ich bin überrascht. Damit hatte ich gar nicht gerechnet. Aber ich war ja auch schon lange in keiner Kirche mehr.

Ich höre zu. Von Einem Ereignis vor 543 Jahren wird da berichtet. Um Reformen muss es da gegangen sein. Kirchliche Reformen. Und wie wichtig es sei, heute endlich zur Einheit zu finden. Dankbar feiert man da, dass die Kirchen längst zur Einheit gefunden haben. Vor vierzig Jahren scheint das noch ganz anders gewesen zu sein. Ich kenne das gar nicht anders als dass es eine große Kirche mit unterschiedlichen Traditionen gibt.

Was ich höre, interessiert mich. Ich entschließe mich zu bleiben. Schließlich singt jetzt ein Chor. Eine Motette von Bach. Bach! Ja, den Namen kenne ich gut. Jedes Jahr gehe ich ins Weihnachtsoratorium. Das ist ein Riesenereignis. Jedes Jahr aufs Neue. Genauso wie die Aufführungen der Passionen. Dass der auch Motetten geschrieben hat, wusste ich allerdings nicht. „Jesu, meine Freude" – schöne Melodien sind das. Ich bin ganz tief angerührt.

Dieses Reformations-Thema geht mir nicht aus dem Sinn. So etwas hätten wir heute doch wohl auch wieder nötig, geht es mit durch den Kopf. Die rechte Unterscheidung zwischen Wichtigem und Unwichtigem. Den Blick für das Wesentliche. Ein neues Wahrnehmen der an den Rand gedrängten, privatisierten Möglichkeiten der Religion. Ein mutiges Eintreten für die, die wir so gerne übersehen. Und die viel zu häufig zu kurz kommen.

*****

Jetzt mische ich mich als Erzähler wieder ein. Und möchte den Blick noch einmal auf Reformation 2019 rücken. Nicht nur auf Martin Luther. Sondern auf die vielen, die sich in den Kirchen für Reformen einsetzen. Heute laufen die Linien längst anders. Nicht mehr evangelisch-katholisch. Eher quer zu den vertrauten Grenzlinien als an ihnen entlang. Um Frieden geht's und um

Gerechtigkeit. Um die Bewahrung der Schöpfung, gerade in Zeiten der Klimakrise. Um Teilhabe und Inklusion. Um die Suche nach tragfähigen Grundlagen meines Lebens geht es. In den Kirchen. Aber auch vor den Kirchentüren.

Aber auch darum geht es: Wie lebe ich so, dass ich Gott recht bin! Dass ich nicht auf Kosten meiner Mitmenschen lebe? Oder auf Kosten derer, die nach uns auch noch leben wollen auf dieser Erde? Wie kriege ich einen gnädigen Gott hat Luther einst gefragt. Heute fragen Menschen auch: Wie finde ich zu gnädigen Mitmenschen? Nach Menschen suchen sie, aus deren Gesicht ihnen die Menschenfreundlichkeit Gottes entgegenleuchtet.

Einen gibt es, der war mehr als andere Platzhalter Gottes in dieser Welt. Jesus, der Christus. Mensch geworden wie wir. Und doch zugleich Garant dafür, dass Gott diese Welt nicht aus den Händen gibt. Das lässt uns leben. Gelassen. In der Heiterkeit des Glaubens. Und nicht ohne Zuversicht auch in schwierigen Tagen. „Meine Freude" hat Johann Franck diesen Jesus in seinem Lied genannt. Und Bachs Musik hat uns etwas von dieser Freude kosten lassen.

Grund genug, auch in diesem Jahr wieder all die verschiedenen Reformationen in den Blick zu rücken. Die im 16. Jahrhundert. Um Luther und Melanchthon. Zwingli und Calvin. Aber auch all die vielen anderen Väter und Mütter der Reformation.

In den Blick rücken möchte ich auch die anderen Reformationen. Die heutigen. Die, die der Kirche 2.0 den Weg bereiten wollen. Und voll Zuversicht glaube ich ganz fest, dass in dieser Heiliggeistkirche auch im Jahre 2060 noch fröhlich Gottesdienst gefeiert, gebetet und gesungen wird. Nicht nur am Gedenktag der Reformation. Vor allem aber in der großen ökumenischen Gemeinschaft der einen weltweiten Kirche. Das lässt uns feiern. Und so die Zukunft vorwegnehmen. Schon heute!

„Sie waren uns gegenüber ungewöhnlich freundlich"
Predigt über Apostelgeschichte 27,18-28,10 im ökumenischen Gottesdienst anlässlich des Schwetzinger Gebetstages im Rahmen der Gebets-Woche für die Einheit der Christen in der Kirche Sankt Pankratius in Schwetzingen am Sonntag, 19. Januar 2020 (2. Sonntag nach Epiphanias)

Es ist gut und nötig, dass wir uns als Christinnen und Christen unserer geschwisterlichen Gemeinschaft im Leib Christi bewusst sind. Und es ist deshalb auch wichtig und gut, wenn dies immer wieder – wie heute! - zum gemeinsamen gottesdienstlichen Feiern führt.

Auf einen Bericht aus der Apostelgeschichte richte ich heute mein Augenmerk. Leicht macht er es mir zum einen. Und zum anderen zugleich doch auch schwer. Leicht, weil es, so wie die Apostelgeschichte berichtet, eine Geschichte mit einem Happy End ist. Alle Schiffsinsassen überleben die Katastrophe. Und den prominentesten Passagier, Paulus aus Tarsus, kennen wir bis heute. Schwer, richtig schwer, macht es mir diese Geschichte, weil es zu ihr unzählige Parallelgeschichten aus unseren Tagen gibt. Und viele gehen leider nicht so glücklich aus wie die des Paulus.

Wie sich die Geschichten doch gleichen! Verbunden sind die alte und die vielen neuen Geschichten nämlich allemal. Verbunden sind sie durch den Ort der Ereignisse, das Mittelmeer und die Insel Malta. Durch das, was sich da damals und heute ereignet hat und ereignet – bis heute! Verbunden sind sie durch die Tatsache, dass es darum geht, in all den Geschichten den alten Gottesglauben bewährt und bewahrt zu sehen. Gut, dass wir dabei einen hilfreichen Deuter auf unserer Seite haben, eben diesen besonderen Passagier, der diese gefährliche Seereise wie die anderen 275 Passagiere überlebt hat: Paulus, der Apostel, auf dem Weg nach Rom. Gut bewachter Gefangener der römischen Justiz wie eine ganze Reihe anderer Personen auch. Paulus war ja nicht der einzige Gefangene an Bord.

Wie sich die Geschichten doch gleichen. Da gibt es einen bunten Haufen von Menschen, die nichts anderes miteinander verbindet, als die Tatsache, dass man mit einem Schiff in die Metropole fahren will - oder muss. Von einigen kennen wir sogar die Namen! Julius ist dabei, der römische Hauptmann, abgeordnet zum Schutz des Paulus. Aristarch, ein Makedonier aus Thessaloniki, der den Paulus schon mehrfach auf seinen Reisen begleitet hat. Der Eigentümer des Schiffs ist dabei und seine ganze Mannschaft. Menschen aus allen Winkeln des römischen Reiches. Handelsreisende, Großgrundbesitzer mit Familienangehörigen und mit den eigenen Sklaven, Verwaltungsbeamte, aber auch arme Schlucker, die auf Arbeit in Rom hoffen.

An Zypern vorbei geht es nach Kreta. Und gegen den Rat des Paulus hält man sich dort nicht auf. Die Fahrt ins Ungewisse geht weiter. Paulus reagiert fast pikiert, dass man nicht auf ihn hört. Warum, so frage ich allerdings schon, warum hätten die meereskundigen Seeleute auf ihn, den Paulus, hören sollen? Auf einen Textil-Handwerker, auf den wegen sonderlicher, kaiserkritischer Lehren in Rom ein Prozess wartet. Auf jeden Fall einer, der mehr vom Land als vom Wasser versteht. Das Unwetter kommt überraschend. Aber es kommt gewaltig. Über vierzehn Tage, so lesen wir, treibt das fahruntüchtige Schiff durchs östliche Mittelmeer. Ladung und Gerät hat die Mannschaft längst ins Wasser entsorgt. Und die Flucht der Mannschaft können die römischen Soldaten nur durch die Intervention des Paulus verhindern. Sie lassen das Rettungsboot einfach davonschwimmen.

Wie sich die Geschichten doch gleichen! Ein ums andere Mal machen sich auch heute die Seeleute von Bord, wenn sie ihre lebensgefährlichen Boote mit viel zu vielen Menschen an Bord ins offene Meer geführt haben. Die *Ocean Viking* ist im August des letzten Sommers fast zwei Wochen durchs Mittelmeer geirrt, ehe die Flüchtlinge am Ende in Malta an Land dürfen. Und auch hier kennen wir die Zahl der Menschen, die auf dem Schiff waren: Es sind 356 Passagiere, die gerettet werden. 65 waren es zuvor schon im Juli, die vom deutschen Rettungsschiff *Alan Kurdi* nach Malta gebracht werden.

Ob sich die Geschichten auch hier gleichen? Ein ums andere Mal lehnt Malta die Aufnahme von Flüchtlingen ab. Ein kleines Land, das pro Kopf allerdings schon mehr Geflüchtete aufgenommen hat als die meisten anderen Staaten in der Europäischen Union. Nur in Zypern und Griechenland sind es noch mehr. Ungastlich sind die Menschen auf Malta gewiss nicht. Schon bei der Seereise des Paulus lesen wir diesen Satz, der das Motto der diesjährigen Gebetswoche zur Einheit der Christen abgibt: *„Die Menschen der Insel Malta waren uns gegenüber ungewöhnlich freundlich!"* Die Menschen von Malta – sie machen auf sich aufmerksam durch eine ungewöhnliche herzliche Willkommenskultur.

Wie in München im Jahre 2015 stelle ich mir das vor. Bewohner, die Mitleid mit den Gestrandeten haben. Und die alles daransetzen, ihnen angenehme Begleitbedingungen mitten in allem Unglück zu bieten. „Sie waren uns gegenüber ungewöhnlich freundlich!" Dieser Satz im Reisebericht lässt aufhorchen. Und der Oligarch der Insel, ein vornehmer Römer namens Publius, nimmt die Gestrandeten kurzerhand in sein eigenes Haus auf.

Gut, dass sich zumindest manche Geschichten doch gleichen! Dass es Menschenfreundlichkeit damals gegeben hat, wie es sie heute auch noch gibt. Und dass der Glaube an Gott Menschen dazu bringt, im Gesicht von ihnen kurz zuvor noch gänzlich fremden Menschen das Bild Gottes und das ihrer Schwestern und Brüder zu entdecken.

Wenn sich die Geschichten doch gleichen – wie gut wäre es, denke ich, wir würden doch noch ein bisschen mehr wissen von dem, was Paulus damals durch den Kopf gegangen ist. Und wie er erlebt hat, was Tausende Menschen aus Afrika in diesen Monaten und Tagen an derselben Stelle erleben.

Und während ich mir den Kopf zerbreche, um darüber nachzusinnen, was Paulus uns wohl noch zu seinen maltesischen Schiffsbrucherfahrungen zu erzählen hätte, fällt mein Blick auf die kleine Meldung: „Unbekannter Paulus-Brief gefunden!" Irgendwie bin ich wie elektrisiert. In der Meldung wird das Institut für Neues Testament einer renommierten Universität genannt. Ich rufe dort an. Werde hin und her verbunden. Und habe am Ende ein Mitglied der Arbeitsgruppe am Telefon, die den Brief übersetzt und auswertet.

Nein, ein Paulusbrief sei kein Geheim-Dokument sagt man mir. Natürlich, er sei bislang unbekannt oder besser verschollen gewesen, verborgen auf einem alten Papyrus, unter einer Auflistung von Gegenständen, die ein Mitarbeiter der römischen Verwaltung in der zweiten Hälfte des ersten Jahrhunderts nach Christus angefertigt hat. Ja, auf Zypern habe man das Dokument gefunden. Aber moderne Infrarotbeleuchtung habe den verborgenen Text sichtbar gemacht. Und was dabei ans Licht kam, gleiche schon einer Sensation.

Was schon übersetzt sei, könne man mir problemlos zukommen lassen. Gerne auch per email. Und wenige Minuten später habe ich den Beginn eines Briefes auf meinem Rechner, der meinen Atem stocken lässt.

„Paulus, Apostel Jesu Christi, und Aristarch, sein Wegbegleiter im Glauben an den Auferstandenen, an die Schwestern und Brüder im Herrn auf der Insel Malta". Mir ist schwindlig. Das hätte ich mir nicht einmal zu träumen gewagt. Die Lücke der Information, die ich so gerne gefüllt gesehen hätte – sie lässt sich womöglich schließen. Ich lese also weiter: *„Freude sei mit euch und Freundlichkeit und die Gewissheit, dass eure Namen im Himmel geschrieben sind, wenn wir in der Gefangenschaft in Rom, die wir um unseres Glaubens willen erleiden, anderen berichten, welche Zeichen der Liebe wir bei euch empfangen haben.*

Ich danke meinem Gott allezeit, dass ich noch mitten in diesem Leben unter euch weile, obwohl ich schon dabei war, mich bereit zu machen für den Weg in das Reich der Himmel. Noch einmal war es wohl in Gottes Willen beschlossen, dass ich mich in diesem Leben meiner himmlischen Berufung zum Zeugenamt als würdig erweise.

Die Freundlichkeit, die uns bei unserem Schiffbruch von euch erwiesen wurde, hat alle Schwestern und Brüder nur tief beschämt. Während andere ihre Küsten sichern, um nicht von fremden Schiffbrüchigen belästigt zu werden, habt ihr eure Häuser, ja was sage ich, eure Herzen weit aufgemacht. Und Publius, der uns mehr als alle anderen zum Bruder geworden ist, hat es sich nicht nehmen lassen, selber Hand anzulegen und um unser Wohlergehen in jeglicher Hinsicht besorgt zu sein.

Was wir von ihm erfahren haben, war viel mehr, als ich es dadurch vergelten konnte, dass Gott mein Gebet erhört und seinen Vater im Leib hat genesen lassen. Dass es Gottes Wille war, ich möge noch nicht aus diesem Leben scheiden, hat die Menge der Gläubigen auch darin wahrgenommen, dass mir der tödliche Biss der Natter nicht hat schaden können. So konnte ich, wiewohl bestimmt für die Gefangenschaft, das Evangelium von der Liebe Christi unter euch aufleuchten lassen. Und wie ich gehört habe, wurden der Gemeinde unter euch noch viele weitere Schwestern und Brüder hinzugetan. So steht ihr den Gemeinden in Antiochia, in der Asia und in Makedonien in nichts nach!"

Soweit erst einmal. Die mir überlassene Übersetzung des Briefes an die Gemeinde auf der Insel Malta bricht hier ab. Dass auf der Insel Malta bis heute am 10. Januar jeden Jahres das Fest des Schiffbruchs des Paulus gefeiert wird, ist also nicht nur der Erinnerung an die wunderbare Rettung des Paulus und der seiner Mitreisenden geschuldet. Es ist vor allem das Fest der Gründung einer Gemeinde, deren Geschichte auf dieser Insel seitdem ununterbrochen fortdauert. Bei einer Einwohnerzahl von unter einer halben Million Menschen zeugen um die 400 Kirchen oder Kapellen von einer lebendigen Tradition, die dort um das Jahr 60 nach Christus ihren Anfang genommen hat. Kein Wunder, dass ein Sprichwort auf der Insel lautet: „Wir haben mehr Kirchen als das Jahr Tage hat." Und seit der Gründung von „Christians Together in Malta" im Jahr 1995 gibt es auf der Insel auch so etwas wie eine eigene ACK.

Hätte es damals schon so etwas wie Frontex gegeben, auf deutsch „Europäische Agentur für Grenz- und Küstenwache" - eigentlich ein mobiles Bollwerk gegen den Eintritt auf das Gebiet der europäischen Union – die Einwohner Maltas wären nie durch das Geschenk des Glaubens und durch ihre Kirchenvielfalt bereichert worden. Und ich bin sicher, dass auch unser Glauben hier mitten in Europa und nicht zuletzt in der Kurpfalz und in Schwetzingen durch den Glauben vieler, die als Geflüchtete bei uns Schutz gefunden haben, sich verändert und an Stärke gewonnen hat.

Da läuft auf meinem Rechner eine neue Mail des Instituts ein, das mir den Anfangsteil des Briefes schon übermittelt hatte. „Eben hat uns ein Mitarbeiter ein weiteres Stück des Briefes als Übersetzung zukommen lassen. Wir leiten es gerne an sie weiter. Und ich lese:

„Nichts habe ich bei unserer zweiwöchigen Irrfahrt durch das Meer, das hier in Rom „Mare nostrum" also „Unser Meer" heißt, mehr und tiefer erfahren als das, was diesem Meer eigentlich den Namen „Meer der Gebete" geben müsste. Kein Gebet ist vergeblich. Dennoch: Wie viele haben in dem Sturm, aus dem wir unser Leben bewahrt davontragen durften, ihr Leben gelassen. Wie viele sind in den Wogen und Stürmen dieses Meeres schon vor uns und auch seitdem ums Leben gekommen, obwohl sie den Gott, der Christus lebendig aus dem Grab geführt hat, um Rettung und Beistand angefleht haben.

Voll Dank bin ich dennoch, dass ich bis heute auch hier im Gefängnis meinen Glauben bezeugen kann, dass kein Gebet ungehört bleibt, auch wenn es scheinbar den Gang der Dinge des Lebens nicht zu verändern vermochte."

Was für ein Dokument, geht es mir durch den Kopf. Der schlichte Satz fällt mir ein, mit dem der Ratsvorsitzende der EKD immer wieder die Pastorin Sandra Bils aus der Abschlusspredigt des letzten Kirchentags zitiert: *„Man lässt keine Menschen ertrinken. Punkt."* Er hat damit für das Projekt eines weiteren Rettungsschiffes auf dem Mittelmeer geworben.

Ich bin mir ganz sicher: Wir haben Paulus auf unserer Seite, wenn wir uns dafür stark machen, dass dieses *„Meer der Gebete"* nicht zum *„Meer der ungehörten Gebete"* wird. Mehr als 100.000 Menschen überqueren derzeit pro Jahr dieses gefährliche Wasser, um ihrem Leben Zukunft zu geben. Um die 4.000 haben seit dem Jahr 2000 dabei auf der Flucht ihr Leben verloren.

„Sie waren uns gegenüber ungewöhnlich freundlich!" lesen wir in der Apostelgeschichte über die Menschen, die vor fast 2000 Jahren gegenüber Schiffbrüchigen, die ihnen zuvor völlig unbekannt gewesen waren, soviel an herzlicher Gastfreundschaft gezeigt haben.

Da erreicht mich eine weitere, dieses Mal dritte Mail. Die letzte Datei war wohl nicht ganz vollständig. *„Die Gebete der um Rettung Schreienden müssen zu unseren Gebeten werden"*, lese ich bei Paulus. *„Und niemand wird euch auf Dauer fremd bleiben, wenn ihr euch mit offenem Herzen und in geschwisterlicher Liebe begegnet."*

Noch einmal halte ich inne. Gibt es da nicht dieses Lied, geht es mir irgendwie durch den Kopf – wie heißt es doch gleich: *„Damit aus Fremden Freude werden!"* – Paulus würde es mit kräftiger Stimme und innerer Zustimmung mit uns singen. Aber wir können das doch auch - ohne ihn. Gleich jetzt. Vorher sage ich nur noch „Amen"!

*****

Anmerkung: Die in dieser Predigt zitierten Teile eines Briefes des Apostels Paulus an die Gemeinde auf der Insel Malta sind fiktiv, d.h. sie sind ein narrativer Versuch, die Botschaft des Apostels Paulus im Blick auf seinen Aufenthalt auf der Insel Malta zu deuten. Solche Versuche finden sich schon im Neuen Testament selber, wenn uns unbekannte Autoren im Namen des Paulus die Briefe an Timotheus und Titus oder an die Gemeinde in Ephesus schreiben.

Zeitfracht Medien GmbH
Ferdinand-Jühlke-Straße 7
99095 Erfurt, Deutschland
produktsicherheit@kolibri360.de